Working Bliss: Wie Arbeit dein Leben bereichert

Lisa Hipp

Working Bliss: Wie Arbeit dein Leben bereichert

Der Sinn-volle Karriere-Guide für die Generation Z

Lisa Hipp
Meersburg, Deutschland

ISBN 978-3-658-43501-1   ISBN 978-3-658-43502-8 (eBook)
https://doi.org/10.1007/978-3-658-43502-8

Die Deutsche Nationalbibliothek verzeichnet diese Publikation in der Deutschen Nationalbibliografie; detaillierte bibliografische Daten sind im Internet über https://portal.dnb.de abrufbar.

© Der/die Herausgeber bzw. der/die Autor(en), exklusiv lizenziert an Springer Fachmedien Wiesbaden GmbH, ein Teil von Springer Nature 2025

Das Werk einschließlich aller seiner Teile ist urheberrechtlich geschützt. Jede Verwertung, die nicht ausdrücklich vom Urheberrechtsgesetz zugelassen ist, bedarf der vorherigen Zustimmung des Verlags. Das gilt insbesondere für Vervielfältigungen, Bearbeitungen, Übersetzungen, Mikroverfilmungen und die Einspeicherung und Verarbeitung in elektronischen Systemen.
Die Wiedergabe von allgemein beschreibenden Bezeichnungen, Marken, Unternehmensnamen etc. in diesem Werk bedeutet nicht, dass diese frei durch jede Person benutzt werden dürfen. Die Berechtigung zur Benutzung unterliegt, auch ohne gesonderten Hinweis hierzu, den Regeln des Markenrechts. Die Rechte des/der jeweiligen Zeicheninhaber*in sind zu beachten.
Der Verlag, die Autor*innen und die Herausgeber*innen gehen davon aus, dass die Angaben und Informationen in diesem Werk zum Zeitpunkt der Veröffentlichung vollständig und korrekt sind. Weder der Verlag noch die Autor*innen oder die Herausgeber*innen übernehmen, ausdrücklich oder implizit, Gewähr für den Inhalt des Werkes, etwaige Fehler oder Äußerungen. Der Verlag bleibt im Hinblick auf geografische Zuordnungen und Gebietsbezeichnungen in veröffentlichten Karten und Institutionsadressen neutral.

Planung/Lektorat: Irene Buttkus
Springer ist ein Imprint der eingetragenen Gesellschaft Springer Fachmedien Wiesbaden GmbH und ist ein Teil von Springer Nature.
Die Anschrift der Gesellschaft ist: Abraham-Lincoln-Str. 46, 65189 Wiesbaden, Germany

Wenn Sie dieses Produkt entsorgen, geben Sie das Papier bitte zum Recycling.

Geleitwort

„Mehr ist besser" – Mit diesem Leitsatz bin ich, wie viele andere der Generation X, aufgewachsen. Dieses Mantra bedeutete für uns immer: Höher, schneller, weiter. In unseren Gedanken schien es keine Endlichkeit zu geben. Wir waren davon überzeugt, dass harte Arbeit und der unerschütterliche Wille, etwas zu bewegen, ausreichen würden, um alle erdenklichen Grenzen zu überwinden.

Doch die Zeiten haben sich geändert. Heute fangen immer mehr Menschen an, das „Mehr" anders zu definieren. Die Digitalisierung eröffnet uns den Zugang zu nahezu unbegrenztem Wissen und die Herausforderung besteht nun darin, dieses Wissen effizient zu verarbeiten. Gleichzeitig müssen wir uns bewusst machen, dass unsere Aufmerksamkeitsspanne und Leistungsfähigkeit nur begrenzt ausgedehnt werden können. Wir haben – oder sollten – erkennen, dass wir innerhalb dieser Grenzen agieren müssen.

Die Zeit fordert uns auf, innerhalb dieser Grenzen neu zu denken. Es geht darum, das Bekannte zu hinterfragen und innerhalb der bestehenden Rahmenbedingungen „Mehr" zu bewegen. Diese Veränderung verlangt nach einem radikalen Umdenken und stellt uns vor neue Herausforderungen, die alles andere als einfach sind. Oftmals wird „Mehr" durch die Anzahl der Likes in sozialen Medien definiert. Dabei vergessen wir, dass unsere Gedanken und Entscheidungen oft von Algorithmen beeinflusst werden, die uns kontinuierlich in einen Vergleich mit anderen ziehen.

„Das Vergleichen ist das Ende des Glücks und der Anfang der Unzufriedenheit", mahnte schon der dänische Philosoph Søren Kierkegaard. Sein französischer Kollege, der Aufklärer Montesquieu, wusste auch, warum: „Man will nicht nur glücklich sein, sondern glücklicher als die anderen." Gerade das hindert uns daran, auf das wirklich Wesentliche zu schauen.

Aus eigener Erfahrung weiß ich, dass alles mit einem ehrlichen Blick nach innen beginnt. Wie stehe ich zu verschiedenen Themen? Hierbei ist nicht die Meinung einer künstlichen Intelligenz wie ChatGPT gefragt, sondern die eigene, tiefe Überzeugung. Es geht darum, die eigenen Werte zu erkennen und die persönliche Haltung zum Leben zu finden. Wer seine Haltung kennt, findet auch „Halt" im Leben, eine Stabilität, die uns durch die Unwägbarkeiten des Lebens trägt.

Die großen Fragen der Vision haben mir immer Angst gemacht, weil sie so endgültig und überwältigend wirken. Manchmal reicht es jedoch, sich daran zu erinnern, was man als Kind stundenlang mit Freude gemacht hat. Diese kindliche Freude und Unbekümmertheit können uns den Weg zu unserem inneren Selbst weisen, zu dem, was uns wirklich erfüllt.

Dieses Buch gibt dir Denkanstöße und ermöglicht durch wirksame Übungen, auf dein Inneres zu hören und es zu verstehen. Es bietet konkrete Hinweise, wie du innerhalb der gegebenen Grenzen dein „eigenes Mehr" kreieren kannst. Es hilft dir, deine eigenen Werte und Ziele zu entdecken und zu verstehen, wie du ein erfülltes und zufriedenes Leben führen kannst. Die Impulse in diesem Buch ermutigen dich, innezuhalten, nach innen zu schauen und deine eigenen Antworten auf die großen Fragen des Lebens zu finden und diese dann anhand konkreter Tools und Methoden umzusetzen.

Ich wünsche allen Leserinnen und Lesern, dass sie durch dieses Buch inspiriert werden, ihren eigenen Weg zu finden und ihr eigenes „Mehr" zu kreieren – ein „Mehr", das auf echten Werten und innerer Erfüllung basiert. Möge es euch gelingen, einen klaren Blick zu bewahren und mit Freude und Zuversicht die Herausforderungen des Lebens anzugehen.

Herzlichst,
Tim Hoffmeister
Mentor, Coach und Unternehmer

Vorwort – Warum braucht es ein Buch über Karriere für die Generation Z?

Unsere Welt wird immer verrückter, facettenreicher, undurchschaubarer. Es bieten sich in allen Bereichen kontinuierlich neue Möglichkeiten, so auch bei der Berufswahl. Corona hat dazu noch den Faktor „Ort" scheinbar irrelevant gemacht, da große wie kleine Unternehmen bemerkt haben, dass ihre Mitarbeitenden meist gar nicht im Büro vor Ort sein müssen. Zeitgleich haben Mitarbeitende festgestellt, dass diese räumliche Flexibilität immense Vorteile bietet – allen voran die Möglichkeit für Firmen zu arbeiten, die am anderen Ende des Landes sitzen – oder gar des Kontinents.

Hinzu kommt, dass der demografische Wandel Unternehmen zunehmend unter Druck setzt und freie Stellen oft lange unbesetzt sind, denn der Fachkräftemangel bzw. der „War for Talents" tobt seit Jahren in fast allen deutschen Unternehmen.

Die Auswahl an Möglichkeiten für junge, talentierte Menschen scheint unbegrenzt – und doch belegen immer mehr Studien, dass viele derzeit unglücklich in ihren Jobs feststecken oder erst gar nicht wissen, für welche Arbeit sie sich nach Studium oder Ausbildung entscheiden sollen.

Meine Mission ist es, dass Menschen wieder Freude an ihrer Arbeit haben und sich damit auseinandersetzen, wie dieser große Teil, den die

Arbeit in unser aller Leben einnimmt, uns bereichern und die Welt sogar ein bisschen besser machen kann. Und ich bin der festen Überzeugung, Arbeit darf, kann – und soll – Spaß machen.

Es geht nicht um eine Art „ist mir egal"-Entspanntheit, sondern um eine hungrige, neugierige Art zu arbeiten, bei der gemeinsam Großartiges erschaffen wird. Mit Leistungsanspruch und auch manchmal mit Kompromissen. Aber immer mit der klaren Absicht, den Handel „Zeit gegen Geld" möglichst sinnhaft und freudevoll zu gestalten.

Das ist mir so wichtig, weil ich zutiefst davon überzeugt bin, dass dies die einzige Möglichkeit ist, unsere Welt zu retten. Wenn alle mit Freude und vollem Einsatz das tun, was sie im tiefsten Inneren für wichtig und richtig halten, werden Firmen, die keinen Sinn stiften, langfristig nicht überleben können. Und diejenigen Firmen, die sich mit Lösungen für die Probleme unserer heutigen Zeit beschäftigen und Positives in die Welt bringen, werden von dem großen Talent und Tatendrang der neuen Generation profitieren und so gemeinsam für längst notwendige Korrekturen sorgen.

Zeitgleich ist eine sinnerfüllte Arbeit eine der wichtigsten Voraussetzungen für ein glückliches, erfülltes Leben und mentale Gesundheit.

Dass Generationen unterschiedliche Wertevorstellungen, Wünsche und Ziele haben – darüber wurden schon unzählige Bücher geschrieben. Wie sich dies auf den Arbeitsmarkt auswirkt, was die Gen Z über Baby Boomer im beruflichen Kontext denkt und umgekehrt – auch hierüber wurde viel diskutiert.

Offen bleibt die Frage nach der Lösung. Hierbei möchte dieses Buch helfen. Im Fokus steht, wie du herausfindest, was du beruflich erreichen willst, und wie du dies in einer Arbeitswelt voller Boomer, Gen X und Millennials auch erreichen kannst.

Ich will hierbei die „Spielregeln" erklären, nach denen in den meisten Firmen (noch) gespielt wird, Hintergründe beleuchten und vor allem auch für gegenseitiges Verständnis werben. Denn es gibt weder eine richtige noch eine falsche Einstellung noch eine, die besser oder eine, die schlechter ist. Das ganze Berufsleben ist ein Spiel, und wenn du mitspielen möchtest, ist es wichtig, die ungeschrieben Regeln zu kennen. Ob du dann nach diesen Regeln spielen willst, bleibt natürlich allein dir überlassen.

Ich selbst habe mir diese Regeln teils schmerzhaft selbst aneignen müssen. Nach knapp 20 Jahren Berufserfahrung in unterschiedlichsten Branchen, Rollen und Firmen vom Start-up bis zum Aktienkonzern möchte ich diese Erfahrungen gerne weitergeben. Mein Wunsch: dass es dir leichter fallen wird, die geheimen Codes zu verstehen, damit du schneller und entspannter deine beruflichen Ziele erreichen kannst.

Vieles, was unsere Vorgänger-Generationen im Berufsleben gemacht haben, ist aus der heutigen Perspektive nicht nachhaltig und ungerecht. Warum also solltest du dieses System mit deinem Talent und deiner Motivation weiter unterstützen?

Um künftig bei wichtigen Entscheidungen mitdiskutieren zu können, musst du einen Platz am Besprechungstisch bekommen. Diesen kannst du auf unterschiedliche Weise erhalten:

1. Indem du von Beginn an auf deine eigenen Talente setzt und dich selbstständig machst.
2. Indem du dir eine Firma suchst, die zu dir und deinen Werten passt, dort erfolgreich bist und mit der wachsenden Verantwortung von innen heraus Großes bewegst.
3. Indem du dir die Unternehmenswelt genau anschaust, alles lernst, was möglich ist und dies als Sprungbrett für eigene große Schritte nutzt, die die Welt verbessern.

Wenn du dich für Punkt zwei oder drei entscheidest, ist dieses Buch genau das Richtige für dich.

Mein Herzenswunsch ist, dass dieses Buch dich inspiriert, dass es dir hilft, deine Ziele zu erreichen und ein Leben nach deinen Wertvorstellungen zu leben – und idealerweise auf dem Weg dahin die Welt ein bisschen besser zu machen.

Die ersten Zeilen dieses Buchs tippte ich vor über 10 Jahren eines Morgens um 5:30 Uhr im Flugzeug auf dem Weg zu einem Meeting. Nicht nur die Welt um mich herum hat sich seither extrem verändert, sondern auch ich mich selbst. Immer wieder gab es lange Pausen im Entstehungsprozess des Buches und dann wieder Phasen des intensiven Schreibens, bis ich Mitte 2023 schließlich den Entschluss gefasst habe, dass dieses Herzensprojekt von mir endlich das Licht der Welt erblicken soll!

Neben meiner eigenen Erfahrung und dem Wissen aus unzähligen Büchern und Weiterbildungen habe ich in diesem Buch bewusst mehrere Expert:innen zu Wort kommen lassen. Das Ziel der Interviews ist es, möglichst vielfältige Perspektiven abzubilden und breitgefächerte Erfahrungen weiterzugeben.

Fiktive Ereignisse und Namen

Die Erfahrungswerte in diesem Buch basieren auf realen Ereignissen, wurden jedoch für die Darstellung verfremdet. Zudem sind sämtliche Personennamen – natürlich mit Ausnahme der Interview-Partner:innen – vollkommen fiktiv und lassen explizit keine Rückschlüsse auf reale Personen zu. Eventuelle Ähnlichkeiten mit realen Personen wären rein zufällig.

Nutzung von Markennamen in diesem Buch Alle in diesem Buch genannten Marken und Produktnamen sind Eigentum der jeweiligen Rechteinhaber. Ihre Nennung dient ausschließlich der Veranschaulichung und verfolgt keine kommerziellen oder werblichen Zwecke.

KI-Unterstützung mit ChatGPT

Um über Themen wie Disruption und Digitalisierung nicht nur theoretisch zu sprechen, sondern die neuesten Entwicklungen direkt anzuwenden, wurden Teile dieses Buchs unter Zuhilfenahme von ChatGPT 3.5 geschrieben. Der Fokus der Unterstützung durch das KI-Tool lag auf dem Erstellen von Gliederungsvorschlägen, dem Sammeln von Ideen, dem Ergänzen bestehender Inhalte, dem Vorformulieren einiger Textpassagen, dem Verbessern von Fehlern und unrunden Formulierungen sowie auf der Entwicklung der Interviewfragen, die den meisten Mehrwert liefern, und auf dem Redigieren der geführten Interviews.

Denn genau das ist es, was ich mit Working Bliss Mindset meine: Offenheit, Neugierde, Leidenschaft und die Freude an der eigenen Entwicklung.

Danksagung

Von Herzen bedanken möchte ich mich bei all den tollen Menschen, die mich durch die emotionale Zeit des Schreibens durch Worte, Taten, Gesten und liebe Gedanken begleitet haben. Ebenso wie meinen Kolleg:innen, meinen 15 Chefs (ich habe das gendern hier nicht vergessen – es waren tatsächlich alles Männer), meinen Mentees und Teammitgliedern, von denen ich so viel lernen durfte. All diese Begegnungen und gemeinsamen Erfahrungen bilden die Grundlage für dieses Buch.

Von all den Kursen, Seminaren, Weiterbildungen und Büchern, die ich in den letzten 20 Jahren besucht und gelesen habe, hat mich eine Person am meisten geprägt: der Lehrer meiner Coaching-Ausbildung, Autor vieler meiner Lieblingsbücher und ein wunderbarer Mensch – Veit Lindau. Von Herzen Danke für deine Arbeit und dein Wirken, die mich in diesem Buch, aber auch in meinem Leben und meiner Arbeit zutiefst beeinflusst haben!

Außerdem möchte ich meinen unglaublich inspirierenden Interviewpartner:innen für ihre Zeit und Unterstützung danken! Ebenso Tim Hoffmeister für das wertschätzende Geleitwort! Eure Offenheit und Expertise bereichern das Buch um unschätzbar wertvolle Insights und Tipps.

Ein ganz besonderer Dank geht an Irene Buttkus, meine Lektorin bei Springer Gabler, für ihr Vertrauen, ihre Geduld, ihre Hilfe und Verständnis und den wertschätzenden Austausch!

Ein weiterer besonderer Dank gilt Steffi, der tollsten Schwester der Welt für ihre unendliche Unterstützung, sowie der lieben Sabina für die vielen Gedanken-Sparrings, Feedbacks und vor allem dafür nie das Timing aus dem Blick zu verlieren.

Abschließend bedanke ich mich bei meinem Mann, der immer bedingungslos hinter mir steht, der an mich glaubt, mich unterstützt und mir den Rücken freihält.

Meersburg, Deutschland　　　　　　　　　　　　　　　　Lisa Hipp
　　　　　　　　　　　　　　　　　　　　　　　　　　　Sommer 2024

Inhaltsverzeichnis

1 Darum ist Arbeit so wichtig für dein Glück   1
Literatur   5

2 Über die Arbeit und über dich selbst   7
2.1 Was ist eigentlich Working Bliss? Die Wichtigkeit der Selbstführung   8
2.2 Sinn in der Arbeit finden – Wie das geht und was es dazu braucht   9
2.3 Das Geheimnis der richtigen Zielsetzung – Was willst du erreichen?   11
2.4 Welche Rolle spielt Arbeit in deinem Leben? Nicht für jeden muss es die große Karriere sein   17
2.5 Wer bist du und wofür stehst du morgens auf?   20
2.6 Was ist dir wichtig bei der Arbeit? Checke die Rahmenbedingungen!   26
2.7 Interview mit Dr. Oliver Haas, CEO Das Neue Führen & Corporate Happiness   29
Literatur   34

3 Deine Bewerbungsphase — 37
- 3.1 Wo bewerben für eine „sinn-volle" Karriere? — 38
- 3.2 So findest du heraus, ob eine Firma zu deinen Werten passt — 40
- 3.3 Kurzinterview mit Malin Thunwall, PEOPLEMIND — 42
- 3.4 Wann, wie und mit welchen Unterlagen bewerben? — 44
  - 3.4.1 So schreibst du eine Bewerbung, die Personaler:innen begeistert — 45
  - 3.4.2 Kurzinterview mit Moritz Schubert, OMR — 56
- 3.5 Dein Auftritt im Web — 58
- 3.6 Vorstellungsgespräche – Fragen, Auftritt, Vor- und Nachbereitung — 59
  - 3.6.1 Schritt 1 – Vorab — 59
  - 3.6.2 Schritt 2 – Die Begrüßung — 62
  - 3.6.3 Schritt 3 – Fragen an dich im Vorstellungsgespräch: — 63
  - 3.6.4 Schritt 4 – Was du von der Firma wissen möchtest — 69
  - 3.6.5 Schritt 5 – Abschied und nächste Schritte — 70
- 3.7 Interview mit Sven Oliver Sonnenschein, Philip Morris International — 70
- 3.8 Assessment-Center und nächste Schritte — 73
- 3.9 Wie du bekommst, was du verdienst – Das Gehalt — 75
- 3.10 Umgang mit Absagen – Wenn du den Job nicht bekommen hast — 77
- 3.11 Die Zusage – Wenn du den Job bekommen hast — 79
- 3.12 Interview mit Antonia Müller, Avantgarde — 80
- Literatur — 83

4 Dein Start im neuen Job — 85
- 4.1 Die ersten Tage souverän meistern — 86
- 4.2 Die neuen(!) Job-Basics — 90
- 4.3 Das Geheimnis guter Kommunikation — 98
  - 4.3.1 Grundlage: Die Kommunikationstypen — 99
  - 4.3.2 Interview mit Christine Riedmann, Stellenwerte — 108

4.4	Remote-Work-Knigge: Video-Calls, Erreichbarkeit, Etikette	111
4.5	Netzwerkaufbau und wie du eine:n Mentor:in findest	114
4.6	Interview mit Christina Hildebrandt, Expertin für Kommunikation, PR und Age Diversity	115
4.7	„Was tun, wenn …" – Umgang mit schwierigen Situationen	118
Literatur		122

5 Dein Mindset für mehr Freude im Job — 123

5.1	Das Working Bliss Mindset – Wie du souverän jede berufliche Herausforderung für dich nutzen kannst	124
5.2	Erfolg als Basis für Zufriedenheit? Oder Zufriedenheit als Basis für Erfolg?	127
5.3	Selbstvertrauen und dein eigener Stil	129
5.4	Interview mit Melanie Faltermeier, WE ARE MENTAL	132
5.5	So bringst du mehr Sinn in deinen Arbeitsalltag	137
Literatur		139

6 Deine Weiterentwicklung: Von Feedbackgesprächen und Gehaltsverhandlungen — 141

6.1	Feedbackgespräche aktiv nutzen		142
	6.1.1	Durchführung von Feedbackgesprächen	144
	6.1.2	Kurzinterview mit Maxie Renner, Expertin People and Culture	146
6.2	Gehaltsverhandlung: Wann, wie, was?		147
6.3	Wann und wie weiterbilden?		152
6.4	Bist du auf dem richtigen Kurs? Ziele überprüfen und anpassen		155
6.5	Interview mit Petra Neftel, CEO we are sparks* und KraftRaum GmbH		157
Literatur			161

7 Wann und wie einen Job verlassen? — 163
Literatur — 167

Über die Autorin

Lisa Hipp ist Expertin für Self-Leadership und blickt auf fast zwei Jahrzehnte in leitenden Marketingpositionen, darunter 15 Jahre als Führungskraft und in der Geschäftsleitung zurück.

Aktuell baut sie das Unternehmen Working Bliss auf, dessen Ziel es ist, Menschen auf ihrem Weg zu sinnerfüllten Karrieren zu begleiten und Unternehmen zu unterstützen, Zufriedenheit und High Performance in ihren Teams zu etablieren. Ihr Credo: **„Thank god it's Monday!"** – denn sie ist der festen Überzeugung, Arbeit darf, kann – und sollte – Spaß machen.

Neben ihrer Rolle als leidenschaftliche Führungskraft fungiert sie regelmäßig als Mentorin für jüngere Kolleg:innen, um diese bei der Erreichung ihrer beruflichen Ziele und Träume zu unterstützen. In vielfältigen Schulungen und Seminaren zum Thema Führung und zuletzt in ihrer Ausbildung zum zertifizierten Life Trust Coach bildet sie sich dabei kontinuierlich weiter.

Gleichzeitig hat sie im Auswahlprozess unzähliger Stellen mehrere Hundert, wenn nicht tausend Bewerbungen gelesen und hunderte Interviews geführt und ist somit Expertin zu den Do's und Don'ts im Bewerbungsprozess. Ihre eigene Karriere hat sie dabei in elf verschiedenen Positionen in drei Unternehmen mit 15 unterschiedlichen Vorgesetzten immer wieder aktiv selbst gestaltet und ihren Wünschen angepasst.

Website: www.working-bliss.com
Kontakt: hello@working-bliss
LinkedIn: www.linkedin.com/in/lisa-hipp

1
Darum ist Arbeit so wichtig für dein Glück

Um zu verstehen, warum Arbeit so entscheidend dafür ist, ob wir glücklich oder unglücklich sind, hilft es, zu verstehen, was menschliches Glück allgemein ausmacht.

Mit dieser Frage hat sich unter anderem der US-amerikanische Psychologe Martin Seligman [1] im Rahmen der „Positiven Psychologie" in den 1990er-Jahren intensiv auseinandergesetzt.

Im Gegensatz zur traditionellen Psychologie stellt sie die positiven Aspekte des Menschseins wie Glück, Optimismus, Vertrauen und die eigenen individuellen Stärken in den Fokus.

Seligman hat fünf Bereiche identifiziert, die verantwortlich dafür sind, wie glücklich wir sind:

1. **Positive Gefühle**
2. **Engagement** (die eigenen Stärken einsetzen)
3. Funktionierende und positive **Beziehungen**
4. Ein tieferer **Sinn** in unserem Handeln
5. **Selbstwirksamkeit** (sich selbst Ziele setzen und diese auch erreichen)

© Der/die Autor(en), exklusiv lizenziert an Springer Fachmedien Wiesbaden GmbH, ein Teil von Springer Nature 2025
L. Hipp, *Working Bliss: Wie Arbeit dein Leben bereichert*,
https://doi.org/10.1007/978-3-658-43502-8_1

Diese Kriterien gelten für alle Lebensbereiche – und somit natürlich auch für den Beruf!

Doch wie treffen wir eigentlich Berufsentscheidungen? Und wie werden wir zu der Person, die wir sind? Warum stecken wir oft fest in einem Job oder gar einem Leben, das uns unglücklich macht oder zumindest nicht so viel Freude bereitet, wie wir uns wünschen?

Um diesen Prozess zu verstehen, lohnt es sich, einen Blick in die eigene Kindheit und das Bildungssystem zu werfen, das die meisten von uns durchlaufen haben: Im Fokus dieses veralteten und starren Systems steht es bis heute nicht, die einzigartigen Talente junger Menschen zu entdecken und zu fördern, sondern Heranwachsende effizient durch einen einheitlichen Prozess zu schleusen.

Die Ursprünge unseres aktuellen Schulsystems liegen im 19. Jahrhundert. Damals ging es vor allem darum, Kindern Fleiß, Disziplin und Gehorsam zu vermitteln, um sie zu guten Arbeitern zu machen, notfalls mit Gewalt: Die Prügelstrafe an deutschen Schulen wurde zuletzt in Bayern im Jahr 1983 (!) abgeschafft [2]. Die Lehrpläne sind weithin überaltert und oft lebensfern. Gelernt wird meist ausschließlich für das Kurzzeitgedächtnis im Rahmen anstehender Prüfungen. Wichtige, auf das Berufsleben vorbereitende Kompetenzen fehlen teilweise komplett. Individualität und persönliche Interessen passen nicht in die vorgegebenen Lehrpläne und werden daher völlig vernachlässigt [3]. Die Wahrscheinlichkeit, dass Schüler so ihre Stärken und Interessen entdecken, geht gegen Null.

Kein Wunder also, dass die Wahl für ein Studium oder eine Ausbildung oft willkürlich getroffen wird. Viele wählen ein Fach, das vernünftig erscheint, gerade im Trend liegt, oder entscheiden sich für den Berufsweg, den die Eltern schon eingeschlagen haben.

Dazu kommt, dass ganze Branchen durch ständig steigenden Druck und schlechte Arbeitsbedingungen so unattraktiv geworden sind, dass viele von vornherein Berufe ausschließen, die noch vor wenigen Jahren als attraktiv galten und ein hohes Potenzial für das „Sinn-Erleben" bieten (wie beispielsweise Handwerk, Pflege, Soziales etc.).

Das monotone System der Schule findet seine Fortführung dann in Studium und Ausbildung. Für Individualität ist auch hier meist weder Platz noch Zeit.

Aber im ersten Job wird dann alles ganz anders – oder auch nicht? Leider sind die meisten Firmen noch nicht auf New Work und Selbstorganisation der Mitarbeitenden ausgerichtet. Starre Hierarchien und Politik bestimmen noch oft den Alltag. Der anfängliche Enthusiasmus verfliegt deswegen meist schnell und weicht einem diffusen Gefühl von: „Ist das alles?" Gefolgt von der Frage: „Soll so mein Berufsleben nun bis zur Rente aussehen?"

Die ersten Gehaltserhöhungen bringen diese Sorgen oft zum Verstummen. Aber spätestens, wenn man selbst oder eine nahestehende Person kurz vor dem Burnout stehen, wird die Stimme wieder lauter.

Laut Statistischem Bundesamt verbringen Arbeitnehmer:innen in Deutschland, die in Vollzeit arbeiten, aktuell 40,4 h mit ihrem Beruf – das sind ca. 24 % aller Wochenstunden [4]. Und eben weil die Arbeit so einen großen Teil unseres Lebens einnimmt, ist es für unser allgemeines Glücksempfinden so essenziell, auch in diesem Bereich glücklich und zufrieden zu sein.

Eine viel zitierte Studie des Meinungsforschungsinstituts Gallup [5] bescheinigt in ihrer Ausgabe von 2023, dass die Zufriedenheit der Mitarbeitenden in deutschen Unternehmen kontinuierlich abnimmt:

- Nur 14 % der Mitarbeitenden haben eine hohe emotionale Bindung zum Unternehmen (im Vergleich: 2021 waren das noch 17 %).
- Die Zahl derjenigen, die innerlich gekündigt haben, steigt kontinuierlich auf mittlerweile 19 % und erreicht damit den Höchststand seit 2012.
- Mit 45 % sind mehr Beschäftigte denn je offen für einen neuen Job oder sogar bereits aktiv auf Jobsuche.

Doch es wird noch schlimmer: Fast die Hälfte der Beschäftigten (49 %) hat wöchentlich mindestens einmal Angst vor der Arbeit. Ganze 87 % fürchtet sich laut einer repräsentativen Studie der Plattform Headspace mindestens einmal im Monat [6].

Um gar nicht erst an diesen Punkt zu kommen, ist es sinnvoll, dass du dir früh darüber klar wirst, was deine Stärken und Werte sind und welche Bedürfnisse und Wünsche du an die Arbeit hast, um einen Job zu finden, der dich erfüllt. Neben dieser Klarheit ist eine hohe Selbstführungskompetenz einer der wichtigsten Punkte, um zufrieden bei der Arbeit zu sein. Dazu erfährst du mehr in Kap. 2.

Und bevor du ans Kündigen denkst, lohnt es sich, zu prüfen, ob du die Parameter, mit denen du unglücklich bist, vielleicht selbst verändern kannst. Oft ist in diesem Punkt viel mehr möglich, als du dir vorstellen kannst.

Bevor es nun losgeht mit dem praktischen Teil, möchte ich dir sehr ans Herz legen, dass du dir ein schönes Notizbuch besorgst (oder eine entsprechende App), das du ganz deiner beruflichen und persönlichen Entwicklung widmest. Vermutlich ist dieses Buch, das du gerade in deinen Händen hältst, nur der Anfang deiner Reise zu deiner Wunsch-Karriere.

Mit einem Notizbuch, das du immer im Nachtisch oder im Schreibtisch verwahrst, hast du einen Ort, an dem du all deine Gedanken über deine berufliche Entwicklung notieren kannst, wo du auch immer mal wieder zurückblättern kannst, um zu sehen, wie sich deine Ansichten entwickelt haben oder du prüfen kannst, ob und wie deine Werte und Ziele sich im Laufe der Jahre verändert haben.

Vielleicht wird dir das eine oder andere Thema in den folgenden Kapiteln bekannt vorkommen. Der Vollständigkeit halber habe ich auch einige etwas allgemeinere Punkte aufgenommen.

Das Buch ist aufgebaut wie ein Buffet: Entweder, du suchst dir die Kapitel heraus, die dir aktuell am wichtigsten sind, und brennende, akute Fragen beantworten, oder du liest von vorne nach hinten, um dir einen ganzheitlichen Überblick zu verschaffen.

Viele weiterführende Links und Empfehlungen findest du übrigens auf der Website zum Buch unter www.working-bliss.com/das-buch oder unter dem QR-Code in Abb. 1.1.

Abb. 1.1 QR-Code zu diesem Buch

Fazit für die Praxis

- Arbeitszeit ist Lebenszeit: Knapp ein Viertel unseres Erwerbstätigen-Lebens verbringen wir mit Arbeiten. Für ein erfülltes Leben ist es entscheidend, auch bei der Arbeit Freude zu empfinden.
- Um bei der Arbeit nicht auszubrennen, ist es wichtig, dir über deine Stärken, Werte und Bedürfnisse klar zu werden.
- Neben dieser Klarheit ist eine hohe Selbstführungskompetenz einer der wichtigsten Punkte für eine hohe Zufriedenheit bei der Arbeit.

Literatur

1. Seligman M (2012) Flourish – Wie Menschen aufblühen. Kösel, München
2. Kolb A (2022) Prügelstrafe in Deutschland – Ein historischer Rückblick. https://www.br.de/nachrichten/deutschland-welt/pruegelstrafe-in-deutschland-ein-historischer-rueckblick,TGOW2Et. Zugegriffen am 25.10.2023
3. Hauschke O (2019) Schafft die Schule ab: Warum unser Schulsystem unsere Kinder nicht bildet und radikal verändert werden muss. mvg Verlag, München
4. Statistisches Bundesamt (2022) Wöchentliche Arbeitszeit. https://www.destatis.de/DE/Themen/Arbeit/Arbeitsmarkt/Qualitaet-Arbeit/Dimension-3/woechentliche-arbeitszeitl.html. Zugegriffen am 25.10.2023
5. Gallup (2023) Engagement Index Deutschland 2023. https://www.gallup.com/de/472028/bericht-zum-engagement-index-deutschland-2023.aspx. Zugegriffen am 20.06.2023
6. Headspace (2023) Fifth annual workforce attitudes toward mental health. https://get.headspace.com/2023-wfa. Zugegriffen am 19.07.2023

2

Über die Arbeit und über dich selbst

Wohl kaum eine Generation vor uns hatte so hohe Erwartungshaltungen an die Arbeit. Früher war Arbeit hauptsächlich notwendig, um den Lebensunterhalt zu sichern und oft vorgegeben durch den Beruf der Eltern. Die unzähligen Wahlmöglichkeiten heutzutage erhöhen den Druck daran, wie Arbeit sein sollte. Neben dem reinen Geldverdienen stehen oft Themen wie Selbstverwirklichung, Sinn und Erfüllung im Fokus.

Ob du mit deiner Berufswahl zufrieden bist oder nicht, darüber entscheidet jedoch viel weniger der Beruf selbst als deine eigene Einstellung und nach welchen Kriterien du ihn ausgewählt hast. Der erste Schritt für eine Berufswahl, die langfristig glücklich macht, besteht deshalb darin, Klarheit über deine eigenen Wünsche, Werte und Bedürfnisse zu gewinnen. Deswegen geht es in diesem Kapitel darum herauszufinden, was dich ausmacht, wie du „tickst" und was dir im Job und im Leben wichtig ist.

Zusammen mit dem richtigen Mindset und wohlüberlegten Karrierezielen schaffst du so die besten Voraussetzungen für ein erfolgreiches und zufriedenes Berufsleben.

2.1 Was ist eigentlich Working Bliss? Die Wichtigkeit der Selbstführung

Vielleicht wunderst du dich über den Begriff „Working Bliss", und warum ich ihn für dieses Buch gewählt habe. „Bliss" kommt aus dem Englischen und bedeutet Freude, Entzücken. Es geht also um Arbeitsglück.

Working Bliss steht für: Offenheit, Leidenschaft, Lernbereitschaft, für die Freude an der eigenen Entwicklung und Lust auf Wachstum, für positive Energie und Neugierde, mit dem Ziel, eine erfüllte und erfolgreiche Arbeitsweise zu entwickeln, die das Leben bereichert, statt nur die Zeit abzusitzen.

Freude und Entzücken findet man oft an ungewöhnlichen Orten – manchmal muss man dafür kämpfen. Vor allem aber sollte man offen sein und Chancen nutzen.

Working Bliss ist also zu einem ganz großen Teil eine Frage der eigenen Einstellung, der Selbstverantwortung und wie du mit Themen umgehst, auf die du keinen Einfluss hast. Der zugrunde liegende Leitspruch ist der vielzitierte Satz: „Love it, change it or leave it" – „Liebe es, verändere es oder lass es zurück".

Die meisten von uns werden mehrere Jahrzehnte arbeiten, bevor sie in Rente gehen. Du kannst selbst entscheiden, ob du die Jahre bis zur Rente zählst oder Arbeit als Teil deines Lebens siehst, in dem du dich entwickeln und selbst verwirklichen kannst. Einen Teil, der dir Freude bereitet und dich stolz macht, der dein Leben bereichert und vielleicht sogar das Potenzial hat, dich rundum glücklich zu machen.

Die Grundvoraussetzung, um das zu erreichen, ist, dass du die volle Verantwortung für dein Leben übernimmst. Dadurch setzt du dich vom Beifahrersitz auf den Fahrersitz. Dinge passieren dir so nicht mehr einfach, sondern du gestaltest dein Leben aktiv und nach deinen Wünschen!

Dabei geht es nicht nur um das, was du tust oder nicht, sondern auch um das, was du fühlst und denkst. Bis auf ganz wenige Ausnahmen entstehen die allermeisten Dinge in unserem Leben durch aktives oder passives Handeln durch uns selbst. Und in Bezug auf die Bereiche, die wir wirklich nicht beeinflussen können (wie Wetter, Politik und Wirtschaft), können wir immer noch unsere Einstellung dazu selbst wählen.

Wie in schon in Kap. 1 erwähnt, hat die positive Psychologie um den US-amerikanischen Psychologen Martin Seligman [1] fünf Bereiche identifiziert, die verantwortlich dafür sind, wie glücklich wir sind:

1. **Positive Gefühle**
2. **Engagement** (die eigenen Stärken einsetzen)
3. Funktionierende und positive **Beziehungen**
4. Ein tieferer **Sinn** in unserem Handeln
5. **Selbstwirksamkeit** (sich selbst Ziele setzen und diese auch erreichen)

In den folgenden Kapiteln werden alle fünf Bereiche immer wieder eine Rolle spielen. Für Zufriedenheit im beruflichen Kontext hat meiner Meinung nach jedoch die Selbstwirksamkeit mit die größte Bedeutung!

Selbstwirksamkeit wurde als Konzept 1986 vom kanadischen Psychologen Albert Bandura [2] entwickelt: Es ist der Glaube einer Person, dass sie in der Lage ist, Aufgaben erfolgreich zu bewältigen und Einfluss auf ihr eigenes Leben zu nehmen, sowie das Vertrauen in die eigenen Fähigkeiten, um Ziele zu erreichen und Herausforderungen zu bewältigen. Wer eine hohe Selbstwirksamkeit hat, ist in der Lage, sich auch effektiv selbst zu führen.

Marco Furtner, Professor für Entrepreneurship und Leadership der Universität Liechtenstein, beschreibt Selbstführung als eine elementare Fähigkeit, um das persönliche Verhalten sowie die eigenen Emotionen und Motivation zu steuern und Ziele zu erreichen [3].

Sowohl die Selbstwirksamkeit als auch die Selbstführung spielen eine wichtige Rolle bei der persönlichen Entwicklung und dabei, wie erfolgreich und zufrieden ein Mensch ist.

2.2 Sinn in der Arbeit finden – Wie das geht und was es dazu braucht

Die Arbeitswelt hat sich in den letzten Jahrzehnten erheblich verändert. Traditionelle Berufsbilder und -strukturen haben sich gewandelt, während neue Arbeitsformen und ganz andere Bedürfnisse und Wünsche an die Arbeit auf dem Vormarsch sind.

Diese Veränderung ist das Ergebnis einer Vielzahl von Faktoren, die unsere Gesellschaft seit mehreren Jahren und Jahrzehnten maßgeblich beeinflussen. Dazu gehören laut Bildungsforscher Hurrelmann unter anderem Krisen und globale Herausforderungen wie Corona, die Umweltzerstörung und Kriege in Europa [4]. All diese Faktoren haben die Gesellschaft als Ganzes, vor allem aber die Prioritäten und Wertvorstellungen der jungen Generation in den letzten Jahren stark verändert. So entstand laut Hurrelmann mehr und mehr der Wunsch nach Selbstbestimmung, Sicherheit, Umweltbewusstsein und einem stärkeren Fokus auf das Privatleben und damit nach einer Arbeit, die nicht nur finanzielle Sicherheit bietet, sondern auch persönlichen Sinn stiftet und idealerweise einen Beitrag leistet, der über den persönlichen Erfolg hinausgeht.

Vielleicht stellst du dir die Frage, ob es überhaupt möglich ist, in deinem beruflichen Alltag einen tieferen Sinn zu erfahren.

Eines der bekanntesten Modelle zur Erfahrung von Sinnhaftigkeit, das Konzept der Kohärenz aus den 1970er-Jahren, geht auf den Medizinsoziologen Antonovsky zurück [5]. Das Gefühl der Kohärenz basiert laut Antonovsky auf den drei Komponenten Verstehbarkeit, Bewältigbarkeit und Sinnhaftigkeit. Kohärenz, und als Konsequenz davon das Erleben von Sinnhaftigkeit bei der Arbeit, entsteht also dann, wenn wir verstehen, was wir tun und wozu es gut ist, die Arbeit machbar und zu bewältigen ist und wir den Sinn in unserem Handeln sehen können.

Auch neuere Untersuchungen der Psychologin Prof. Dr. Tatjana Schnell [6], einer Vorreiterin in der Sinnforschung, bestätigen die Wichtigkeit der Kohärenz für eine hohe Arbeitszufriedenheit.

Auch wenn die Elemente, die als notwendig betrachtet werden, um Sinn bei der Arbeit zu erfahren, von Person zu Person sehr unterschiedlich sein können, definiert Schnell folgende Aspekte zusätzlich als besonders wichtig:

- **Bedeutsame Arbeit:** Wenn du das Gefühl hast, dass deine Arbeit einen positiven Beitrag leistet oder gut für andere Menschen, die Gesellschaft oder die Umwelt ist.
- **Orientierung:** Du stehst hinter den Zielen deiner Firma.
- **Zugehörigkeit:** Du fühlst dich wertgeschätzt, eingebunden und als Teil einer Gemeinschaft.

Addieren möchte ich an dieser Stelle das Konzept von Frithjof Bergmann [7], der unter dem Begriff „New Work" den Gedanken zusammenfasst, dass Arbeit eigentlich das Mittel sein sollte, mit dem sich ein Mensch verwirklichen kann. Und nicht – wie in der Vergangenheit (und auch heute noch oft der Fall) – andersherum. Wenn der Mensch das Mittel ist, um den Zweck zu realisieren (wie beispielsweise die Herstellung eines Produktes). Die persönliche und berufliche Entwicklung ist ebenso fester Bestandteile von New Work wie Selbstverantwortung und Mitbestimmung. Es geht also allen voran um Sinnstiftung, Freiheit und Selbstständigkeit im Beruf.

Sinn in der Arbeit zu finden ist also möglich und laut einer umfangreichen Studie von Allan et. al. hängt ein hoher Grad an Sinnhaftigkeit in der Arbeit nicht nur unmittelbar mit einer erhöhten Arbeitszufriedenheit zusammen, sondern führt zudem zu mehr Engagement und sogar Gesundheit [8].

Um vorstehend genannten Punkte zu erreichen, braucht es eine elementare Fähigkeit: die Selbstführung. Nur wenn du dir im Klaren über deine Ziele, Bedürfnisse und Werte bist, kannst du aktiv daran arbeiten, deinen Beruf so zu gestalten, dass du eine größere Sinnhaftigkeit in deiner Arbeit erleben kannst. Wie das genau funktionieren kann, beschreiben die kommenden Kapitelabschnitte.

2.3 Das Geheimnis der richtigen Zielsetzung – Was willst du erreichen?

Vermutlich erwartest du, dass dieses Buch mit einem Plädoyer beginnt, wie wichtig es ist, den eigenen Job ernst zu nehmen, sich voll reinzuhängen und alles zu geben. Und grundsätzlich bin ich auch der Meinung, dass man nur mit außergewöhnlicher Leistung außergewöhnliche Ergebnisse erreichen kann. Nun ist es aber so, dass der Druck und die Komplexität der Arbeit aktuell so hoch sind wie nie zuvor und ich zu viele meiner Freund:innen und Kolleg:innen unterwegs auf der Karriereleiter habe ausbrennen sehen. Auch ich war kurz davor, bis ich bemerkt habe, dass ich so nicht mein ganzes Leben lang weiterarbeiten kann – und möchte. Deswegen ist mein Rat heute ein anderer, als er noch vor ein paar Jahren gewesen wäre: Das Berufsleben ist kein Sprint, sondern ein Marathon. Du wirst noch sehr, sehr viele Stunden im Büro, am Schreibtisch, vor Präsentationen und in Meetings verbringen. Stelle also besser sicher, dass du Spaß bei deiner Arbeit hast. Sonst werden das noch sehr viele, sehr öde Jahre werden, die vor dir liegen. Zudem bin ich ein großer Verfechter des Prinzips „Work smart, not hard" – und außergewöhnliche Leistung bedeutet eben nicht: Mehr Arbeitsstunden, sondern mehr Output, Freude und Kreativität.

Damit du in den kommenden Jahren möglichst viel Freude bei der Arbeit haben wirst, lautet mein erster Rat, dass du dir über deine Ziele Gedanken machst. Welche Rolle soll Arbeit in deinem Leben spielen? Welche Wünsche hast du an deinen idealen Arbeitsplatz? Wie soll sich das Arbeiten anfühlen? Ich habe die Frage in Personal- und Feedbackgesprächen immer gehasst, wo ich mich in drei, fünf oder zehn Jahren sehe. Ich hätte mich ja festlegen müssen und dass unsere Generation und die Folgegenerationen darin nicht besonders gut sind, ist ja allseits bekannt. Ich bin ehrlich gesagt lange Zeit vor allem meinem Bauchgefühl gefolgt. Die Themen, die mir am meisten Freude bereitet haben, habe ich dann weiterverfolgt. Irgendwie war mir so recht schnell klar, dass ich mich für das Brand Management interessiere. Mit Personalverantwortung. Große Projekte und große Budgets. Je komplexer, desto lieber. Und dann traf ich Ellen.

Und auf einmal wusste ich, was mein Ziel ist: Ich möchte einmal den Job haben, den sie gerade macht: Eine internationale, erfolgreiche Marke führen. Ellen hatte eine unglaubliche Energie, konnte so präsentieren, dass ihr alle an den Lippen hingen und verantwortete die spannendsten Projekte. Von da ab war für mich klar, dass ich genau das auch wollte.

Bis es so weit war, hat es allerdings etwas gedauert. Und wenn du heute noch nicht weißt, wo die Reise für dich genau hingehen soll, setze dich nicht allzu sehr unter Druck. Überlege dir, was dir große Freude macht, worin du richtig gut bist oder was du stundenlang machen kannst, ohne dass es dich anstrengt, und nimm dieses Gefühl als grobe Richtung. Sei offen und kommuniziere, was dir Spaß macht, und ich verspreche dir, die Dinge werden sich in die richtige Richtung entwickeln.

Wenn du heute schon etwas tiefer einsteigen möchtest, starte gleich mit folgender Übung: Nimm dir dein Notizbuch und einen Stift bzw. deine App, hol dir einen Kaffee oder Tee und setze dich an einen ruhigen Platz.

Wichtig ist, dass du bei dieser Übung ganz bei dir und deinen eigenen Wünschen bleibst. Es geht auf keinen Fall um das, was andere von dir erwarten. Höre also sehr genau hin, wenn es um deine Wünsche und Ziele geht, und frage dich intensiv, ob das wirklich deine eigene Vision ist oder sie dir subtil oder sogar offen von Eltern, Umfeld oder der Gesellschaft übermittelt wurde.

Du kannst diese Fragen auch einige Zeit in dir arbeiten lassen und immer mal wieder darüber nachdenken und dir Notizen dazu machen. Habe keine Sorge, dich heute festzulegen, denn die Antwort auf diese Frage wird sich über die nächsten Jahre und Jahrzehnte mit Sicherheit noch mehrmals ändern. Und das ist auch gut so! Heute geht nur um das, was dich aktuell antreibt und dir momentan wichtig ist!

Übung – Lebensziele

Es geht los. Stell dir vor: Du in 10 Jahren. Du hast dein Traumleben realisiert und bist glücklich und zufrieden mit dir und deinem Leben. Es ist Silvester und du sitzt mit einem Drink in der Hand in einem Sessel und blickst auf die letzten Jahre zurück:

- Wie fühlst du dich?
- Worauf bist du stolz?
- Was hast du erreicht?
- Bist du in einer großen Stadt auf dem Balkon eines Hotels mit Ausblick auf die Skyline?
- Oder mit deiner Familie in einem kleinen Haus am See?
- Wie lebst du?
- Wie viel arbeitest du?
- Wo?
- Hast du Mitarbeitende, für die du verantwortlich bist?
- Wenn ja, wie viele?
- Wie ist das Verhältnis zu deiner Führungskraft, deinem Team, deiner Firma?
- Aus welchen Gründen bist du stolz, für diese Firma zu arbeiten?
- Oder leitest du vielleicht sogar ein eigenes Unternehmen?
- Bist du in derselben Stadt wie heute?
- Im selben Land oder einem anderen?
- Trägst du einen Designeranzug?
- Oder T-Shirt und Jeans?
- Wie oft im Jahr fährst du in den Urlaub? Und wohin?

- Bist du finanziell unabhängig?
- Womit beschäftigst du dich den ganzen Tag?
- Bist du glücklich und gesund?
- Wie oft siehst du Freunde und Familie?
- Entwickelst du dich ständig weiter?
- Bist du von inspirierenden Menschen umgeben?

Indem du dir all diese Fragen stellst (und sie beantwortest), findest du zwar noch nicht heraus, was genau dein Traumjob ist, aber du weißt, wie es sich dort ungefähr anfühlen sollte. Und ein Ziel zu haben, ganz gleich, ob es absolut konkret ist, wie beispielsweise: „Ich will Sales Director bei Porsche werden, finanziell unabhängig sein und in meiner freien Zeit mit meiner Familie um die Welt reisen" oder eher noch etwas offener wie: „Ich will ein kleines Team führen, Spaß bei der Arbeit haben und mit meinem Job die Welt ein bisschen besser machen", ist der erste wichtige Schritt auf deinem Weg.

Alles andere, was folgt, sind dann logische Schritte in diese Richtung. Zum Beispiel wirst du feststellen, dass dir noch die eine oder andere Kompetenz fehlt, um deinen Traumjob zu erreichen. Wenn sich die Chance für eine Weiterbildung ergibt, ergreife sie. Oder du hörst von einem Projekt bei dir in der Firma, bei dem du dich in diese Richtung entwickeln kannst – frage doch einfach, ob du dabei sein darfst. Lies Bücher zu dem Thema, höre Podcasts, schaue YouTube-Tutorials, belege Online-Weiterbildungen, gehe auf Konferenzen, sprich mit Leuten, die den Job haben, den du dir wünschst, oder die in der Branche arbeiten, in die du möchtest. Vor allem: Halte die Augen offen für alles, was dir hilft, dich in die angestrebte Richtung zu entwickeln.

Konzept Lebenserfolg

Wichtig ist mir, an dieser Stelle das Konzept des Lebenserfolgs einzuführen. Sicher hast du bei der Übung bemerkt, dass sich nur ein Teil der Fragen konkret auf den Beruf bezieht. Das ist wichtig, weil Arbeit nur EINE Säule deines Lebens ist. Dein Leben besteht aus vielen verschiedenen Säulen (Familie, Gesundheit, Freunde, Hobbies, Entwicklung etc.). Achte darauf, dass dein „Lebenshaus" mehrere tragende Säulen hat.

Da die Arbeit einen sehr großen Teil unserer Zeit einnimmt, dominiert sie oft unsere Gespräche, unsere Gedanken und den gesellschaftlichen Diskurs. Wenn du dich jedoch nur auf die eine Säule „Arbeit" fokussierst und diese aus irgendeinem Grund wegbricht, zum Beispiel durch Krankheit oder Kündigung, kann dein ganzes Leben ins Wanken kommen, wenn dein Lebenshaus sonst keine weitere tragende Säule hat.

Aus diesem Grund möchte ich dir sehr ans Herz legen, dein Leben gesamtheitlich zu betrachten. Wenn du über Erfolg nachdenkst, fokussiere dich nicht nur auf den beruflichen Erfolg, sondern darauf, in Summe ein glückliches, balanciertes Leben zu führen.

Noch ein Hinweis zur Visionsfindung: Verkopfe dich nicht mit diesem Thema! Manche wissen schon in der Schule, was sie beruflich einmal machen möchten. Bei anderen braucht es eine Weile. Bei den meisten ist es ein Prozess, der sie das ganze Berufsleben begleitet und der sich auch immer wieder verändern kann. Die unendlichen Möglichkeiten heutzutage sind Fluch und Segen zugleich, denn schnell bekommt man das Gefühl, dass ein normaler Angestelltenjob ohne Auslandsaufenthalte und zig Jobwechsel gar keine Option mehr ist. Dem ist nicht so! Es ist auch vollkommen in Ordnung, wenn du die ersten Jahre nicht weißt, wo du einmal hinwillst. In diesem Fall empfehle ich dir einfach, anzufangen und auf dein Bauchgefühl zu hören.

Vor allem, wenn es um die Wahl des richtigen Praktikums oder einer Einstiegsposition geht, spielt ein ganz anderes Thema eine noch entscheidendere Rolle – nämlich die Frage, wo du am meisten lernen wirst. Hierfür sind Erfahrungsberichte anderer Praktikant:innen oder Neueinsteiger:innen eine sehr gute Orientierung. Auf Online-Bewertungsplattformen wie beispielsweise kununu kannst du dir einen guten Überblick verschaffen, was andere Mitarbeitende über ihre Firma sagen.

Bevor es an die Praxis geht, aber noch ein paar Worte dazu, wie wichtig die Wahl der richtigen Führungskraft ist. Die Wahl der richtigen Führungskraft? Ja, du hast richtig gelesen. Es ist keineswegs so, dass du keinen Einfluss darauf hast, wer dein:e Chef:in ist. Manchmal kannst du es nicht direkt beeinflussen, aber wenn du nicht glücklich in deiner aktuellen beruflichen Situation bist oder gerade vor einem Jobwechsel (oder deinem ersten Job) stehst, hast du absolut die Möglichkeit, dir deine:n künftige:n Chef:in auszusuchen. Ich habe mir bereits mehrfach in meinem Leben aktiv meine Vorgesetzten ausgesucht.

Das erste Mal war dies der Fall, als ich mich für meinen Praktikumsplatz entschieden habe. Ich wollte damals unbedingt in eine Agentur. Da mein Freund zu der Zeit in München lebte, fiel die Städtewahl auf die schöne Stadt an der Isar. Ich hatte das Glück, zwischen vier Agenturen wählen zu können, und entschied mich für die Agentur, die damals am wenigsten für die Arbeit als Praktikantin zahlte. Warum habe ich mich in einer der teuersten Städte Deutschlands so entschieden? Weil mir der skizzierte Aufgabenbereich, die Stimmung dort und vor allem aber auch mein zukünftiger Chef einfach am besten gefielen und ich das Gefühl hatte, dort sehr viel lernen zu können.

Beim Berufseinstieg und beim Jobwechsel ist es wohl am einfachsten, sich aktiv seine:n Chef:in auszusuchen.

Wie das aber auch in einem bestehenden Arbeitsverhältnis geht, zeigt ein anderes Beispiel einer meiner Coachees: Christin war schon einige Jahren im gleichen Unternehmen und hatte das Gefühl, nicht wirklich voranzukommen. Den Aufgabenbereich, den sie betreute, hatte sie bereits durch und durch analysiert, jedes Steinchen umgedreht und alles optimiert, was nach ihrer Meinung zu optimieren war. Links und rechts wurden ihre Kolleg:innen befördert, nur bei ihr tat sich nichts. Zu den großen Meetings wurde sie nicht eingeladen und ihre Projekte wurden ohne sie und ohne ihren Namen als Absender den anderen Abteilungen präsentiert. Obwohl sie mehrfach äußerte, dass sie gerne etwas Neues machen würde, passierte nichts. Bis sie das Ruder selbst in die Hand nahm und zum Leiter der Abteilung ging, in der sie gerne arbeiten wollte. Sie sagte ihm, wie sehr sie sein Bereich interessierte und wie gerne sie sein Team unterstützen würde. Zusätzlich ging sie zum Vorgesetzten ihres Chefs und erwähnte diesen Wunsch auch dort. Er wusste nichts von ihrem Anliegen zu wechseln. Ihr direkter Chef hatte also ihre Wünsche nicht weitergegeben. Doch die beiden Gespräche waren ausreichend dafür, dass sie wenige Wochen später in ihre Wunschabteilung – und zu ihrem Wunschchef – wechseln konnte.

Such dir eine Führungskraft, zu der du aufschauen kannst, mit der du dir vorstellen kannst, gut zusammenzuarbeiten, über die man sagt, dass sie gerne ihr Wissen weitergibt, die ihr Team fordert und fördert und die idealerweise dazu noch eine tolle, angenehme Person ist.

Auch wenn du klare Vorstellungen von deiner Wunschfirma oder -branche hast, ist beides zweitrangig für deine Lernkurve. Absolut entscheidend für deine Entwicklung in den ersten Jahren ist es, eine gute Führungskraft zu haben. So kannst du weit mehr lernen und dich schneller entwickeln, was für deinen langfristigen Werdegang definitiv von Vorteil ist. Wenn du derzeit in einem festen Arbeitsverhältnis bei einer Firma bist, die dir eigentlich ganz gut gefällt, aber deine Führungskraft dich blockiert oder ihr Wissen nicht weitergibt, könntest du in Erwägung ziehen, die Initiative zu ergreifen und dich nach einer neuen Führungskraft in einer anderen Abteilung deines Unternehmens umzusehen.

2.4 Welche Rolle spielt Arbeit in deinem Leben? Nicht für jeden muss es die große Karriere sein

Während lange Zeit nur der Weg nach oben als Karriere definiert wurde, findet in den letzten Jahren verstärkt ein Umdenken statt, bei dem nicht mehr die nächste Beförderung, sondern eine Entwicklung entsprechend der eigenen Werte und Ziele in den Fokus rückt. Somit sind auch Entscheidungen für mehr Selbstständigkeit, weniger Verantwortung oder mehr Freizeit zunehmend bedeutendere Karriereschritte.

Die Studie „Human-centered leaders are the future of leadership" der Boston Consulting Group [9], zeigt auf, dass die jüngeren Generationen immer weniger Interesse an Führungspositionen und weniger Bereitschaft zur Übernahme von Verantwortung haben. Nur 14 % der befragten deutschen Teilnehmer:innen möchten sich laut der Studie in den nächsten fünf bis zehn Jahren zur Führungskraft entwickeln.

Statt einer erfolgreichen Karriere mit Führungsverantwortung gelten laut mehrerer Studien heute andere Themen für junge Angestellte als wichtig. Dazu gehören unter anderem: Ein sicherer Arbeitsplatz, Anerkennung, attraktives Gehalt, gute Atmosphäre, eine gute Life-Balance, ansprechende Arbeitsinhalte und Sinnhaftigkeit [10–12].

> **Übung: Bestandsaufnahme**
>
> In Abb. 2.1 findest du, basierend auf den Studienergebnissen, eine Übersicht der als am wichtigsten empfundenen Kriterien für Zufriedenheit bei der Arbeit.
> Wenn dir etwas in der Beurteilung fehlt, das du zusätzlich als bedeutsam empfindest (z. B. Umweltbewusstsein, Innovation, Gleichberechtigung etc.), kannst du das in den freien Feldern für dich hinzufügen.

		unwichtig ⟵ ⟶ sehr wichtig					
		1	2	3	4	5	6
1	Sicherheit						
2	Anerkennung						
3	Bezahlung						
4	Kultur / Atmosphäre						
5	Life-Balance						
6	Arbeitsinhalte						
7	Sinn						
8	Karriere						
9	Handlungsspielraum						
10							
11							
12							

Abb. 2.1 Übung: Bestandsaufnahme

Um herauszufinden, was dir bei der Arbeit am wichtigsten ist, bewerte diese neun Kriterien für dich auf der Skala von eins bis sechs. Eins bedeutet, dass der jeweilige Bereich für dich gar nicht wichtig ist und sechs, dass dir der Bereich superwichtig ist.

1. **Sicherheit**: Wie wichtig ist es dir, dass dein Arbeitsplatz sicher ist?
2. **Anerkennung**: Wie wichtig ist es dir, anerkannt und gesehen zu werden und Wertschätzung zu erleben?
3. **Bezahlung**: Wie wichtig ist dir eine gute Bezahlung?
4. **Kultur und Atmosphäre:** Wie wichtig sind dir eine tolle, inspirierende Kultur und Atmosphäre im Team?

5. **Life-Balance**: Wie wichtig ist dir eine gute Balance von Beruf und Privatleben?
6. **Arbeitsinhalte**: Wie wichtig sind dir Freude an deiner Arbeit und anspruchsvolle Arbeitsinhalte?
7. **Sinn**: Wie wichtig ist dir, dass deine Arbeit sinnvoll ist?
8. **Karriere**: Wie wichtig ist es dir, Karriere zu machen?
9. **Handlungsspielraum**: Wie wichtig sind dir Mitsprache und Handlungsspielraum?

Nimm dir ruhig etwas Zeit für diese Übung und vergleiche vor allem auch die verschiedenen Kriterien miteinander. Zum Beispiel: „Wie wichtig sind mir die Arbeitsinhalte im Vergleich zu Anerkennung?". Und stell dir auch Fragen wie: „Wenn alles andere perfekt wäre, aber meine Arbeit keinen Sinn hätte – würde ich trotzdem in dieser Firma bleiben wollen?"

Das Ergebnis dieser Übung ist die Basis für viele deiner künftigen Job-Überlegungen. Deswegen ist es elementar, dass du auch hier wirklich ehrlich zu dir selbst bist. Schlafe ruhig ein paar Nächte darüber und prüfe deine ursprüngliche Einschätzung dann noch einmal.

Wenn du aktuell einen Job hast, ist es natürlich spannend zu sehen, wo du heute stehst. Solltest du gerade sehr unzufrieden in deinem Beruf sein, aber nicht genau benennen können, woran es liegt, kann dir eine Analyse der IST-Situation der neun Bereiche dabei helfen, herauszufinden, in welchen Bereichen deine Wünsche und Bedürfnisse aktuell nicht erfüllt werden.

Zusatzfrage: Bist du dir darüber bewusst, welche Rolle Arbeit in deinem Leben einnehmen soll? Nicht jeder Mensch hat den Wunsch, seine (bezahlte) Arbeit zum Lebensmittelpunkt zu machen – was voll in Ordnung ist. Um glücklich zu sein, ist es wichtig, dir darüber klar zu werden, welchen Platz Arbeit in deinem Leben haben soll und wie und in welchen Bereichen du sonst noch wirken möchtest. In welchen Themen möchtest du dich engagieren und Spuren hinterlassen – zum Beispiel ein tolles Vorbild für deine Kinder sein, Ehrenamt, dein Hobby, Familie, Gemeinschaft etc.?

2.5 Wer bist du und wofür stehst du morgens auf?

Um eine Arbeit zu finden, die dich dauerhaft erfüllt, ist es wichtig, herauszufinden, was dich in deinem tiefsten Inneren bewegt und antreibt. Es geht um dein „Wofür".

Dieses „Wofür" setzt ungeahnte Kräfte frei, lässt dich Lösungen finden, wo Situationen ausweglos erscheinen und sorgt dafür, dass du auch schwierige Momente und Rückschläge meisterst, ohne aufzugeben.

Wichtig ist, dir bewusst zu machen, dass eine „sinnvolle Arbeit" für dich nicht heißen muss, dass du mit deiner Arbeit die Welt rettest. Es geht vielmehr darum, dass die Arbeit für DICH wichtig und bedeutsam ist. Denk einmal an die großen Künstler, Maler, Musiker – sie haben ihren ganz eigenen Traum verfolgt und bis zur Perfektion gebracht – und damit nicht nur ihre eigene Erfüllung gefunden, sondern auch die Welt zum Positiven verändert.

> **Übung – Wofür stehst du morgens auf?**
>
> Nimm dir etwas Zeit, einen Tee, dein Notizbuch und denke in Ruhe über die Frage nach, was dein „Wofür" sein könnte – der Grund, warum du auf dieser Welt bist. Keine Sorge, es ist ganz normal, wenn dir nicht sofort konkret einfällt, was das „Wofür" bei dir sein könnte. Sieh die Beschäftigung mit dem Thema als Start deiner Reise und komme einfach immer wieder auf diese Frage zurück. Es geht nicht ums Abhaken dieser Übung, sondern darum, dich intensiv damit zu beschäftigen. Diese Frage wird dir sicherlich noch mehrmals in den kommenden Berufsjahren begegnen. Manchmal ändert sich die Antwort auch im Laufe des Lebens, da sich Prioritäten verschieben oder neue Erkenntnisse zu anderen Zielen führen.
>
> Um sich dem Thema zu nähern, hilft es, über folgende Fragen nachzudenken:
>
> 1. Welche Probleme dieser Welt sollten deiner Meinung nach unbedingt angegangen werden?
> 2. Gibt es Situationen in deinem Leben, die dich sehr bewegen, dich vielleicht sogar zu Tränen rühren oder wo du einen Kloß im Hals hast?
> 3. Worüber liest du viel, bildest dich freiwillig fort, engagierst dich ehrenamtlich oder diskutierst leidenschaftlich gerne mit deinen Freunden?

Werte

Neben deinem „Wofür" macht es Sinn, dich intensiv mit deinen Werten zu beschäftigen. Denn selbst deine Traumfirma wird dich nicht glücklich machen, wenn dort deine Werte mit Füßen getreten werden. Laut Karriere-Coach Irina Cozma haben viele Menschen Schwierigkeiten, ihre eigenen Werte zu definieren. Dies liegt daran, dass dies weder in der Schule vermittelt wird noch einen kulturellen Bestandteil unserer Gesellschaft darstellt, geschweige denn in Leistungsbeurteilungen in Unternehmen eine Rolle spielt [13]. Die Klarheit über deine eigenen Werte ist laut Cozma jedoch ein entscheidender Schritt hin zur beruflichen und persönlichen Erfüllung. Auf Basis deiner Werte kannst du fundierte Entscheidungen über deine Karriere und auch dein Privatleben treffen, die dich nachhaltig glücklich machen.

Wenn deine Arbeit und deine Werte übereinstimmen, steigerst du das Gefühl der Kohärenz, das laut Antonovsky einen wichtigen Baustein für das Gefühl der Sinnhaftigkeit bei der Arbeit darstellt [5] (siehe Abschn. 2.2). Die Ausrichtung deiner Arbeitsinhalte an deinen Werten führt also zu einer größeren beruflichen Erfüllung.

> **Übung: Wie findest du deine Werte heraus?**
> - Welche Eigenschaften und Verhalten sind dir bei dir selbst und bei anderen wirklich wichtig?
> - Welche Prinzipien sind für dich unverhandelbar?
> - In welchen Momenten fühlst du dich besonders wohl und entspannt?
> - Welches Verhalten ärgert dich immer wieder oder raubt dir den Schlaf?
>
> Identifiziere die Werte, die zu diesen Situationen geführt haben, und schreibe sie auf.
> Nun schau dir in Ruhe die Werteliste in Abb. 2.2 an und gehe Wort für Wort durch die Übersicht. Unterstreiche alle Werte, die dir wichtig erscheinen. Nimm am besten in der ersten Runde einen Bleistift.
> Gehe deine markierten Werte nun noch einmal durch. Möchtest du gerne etwas verändern? Fehlt etwas? Oder hast du den einen oder anderen Wert vielleicht markiert, weil du denkst, du solltest ihn wichtig finden – oder weil andere es von dir erwarten? Auch bei dieser Übung geht es nur um das, was DIR wirklich wichtig ist.

Achtsamkeit I Anerkennung I Akzeptanz I Ästhetik
Authentizität I Balance I Bedeutsamkeit I Bescheidenheit
Besonnenheit I Bewusstheit I Bildung I Dankbarkeit I Demut
Diplomatie I Disziplin I Durchhaltevermögen I Effizienz I Ehrgeiz
Ehrlichkeit I Einfluss I Einfühlungsvermögen I Empathie
Entwicklung I Engagement I Erfolg I Fairness I Familie
Fleiß I Flexibilität I Fokus I Fortschritt I Freiheit
Freundlichkeit I Freundschaft I Fürsorge I Geduld
Gelassenheit I Genuss I Gerechtigkeit I Gesundheit I Glaube
Glück I Großzügigkeit I Güte I Harmonie I Herausforderung
Herzlichkeit I Hilfsbereitschaft I Hingabe I Humor
Inspiration I Individualität I Integrität I Intelligenz I Intuition
Klarheit I Klugheit I Kommunikation I Kompetenz I Kreativität
Leichtigkeit I Leidenschaft I Leistung I Liebe I Loyalität I Macht
Menschlichkeit I Mitgefühl I Mut I Nachhaltigkeit I Nähe
Neugierde I Offenheit I Optimismus I Ordnung I Partnerschaft
Perfektion I Pragmatismus I Präsenz I Professionalität I Reichtum
Reife I Resilienz I Respekt I Ruhe I Rücksichtnahme
Selbstbestimmung I Selbstbewusstsein I Selbstverantwortung
Selbstvertrauen I Sensibilität I Seriosität I Sicherheit I Solidarität
Sorgfalt I Spaß I Spiritualität I Spontaneität I Stärke I Sympathie
Tatkraft I Teamgeist I Toleranz I Tradition I Treue
Unabhängigkeit I Verantwortung I Verbindlichkeit I Verlässlichkeit
Vertrauen I Vielfalt I Wachstum I Wahrhaftigkeit I Weisheit
Weitsicht I Wertschätzung I Willenskraft I Wohlstand
Wohlwollen I Würde I Zielstrebigkeit I Zufriedenheit
Zugehörigkeit I Zusammenhalt I Zuverlässigkeit I Zuversicht

Abb. 2.2 Werteliste. (Eigene Darstellung, historisch gewachsen und ergänzt mithilfe von ChatGPT)

Wenn du nun deine fünf bis zehn wichtigsten Werte identifiziert hast, übertrage sie in Abb. 2.3.

Lege die Liste für ein paar Tage zur Seite und schau dann noch einmal mit etwas Abstand und einem frischen Blick darauf. Wäge die Werte gegeneinander ab. Stelle dir dafür Fragen wie: „Wenn ich mich für einen der beiden Werte entscheiden müsste, welcher wäre das?".

Bringe nun die fünf bis acht wichtigsten Werte in eine für dich stimmige Reihenfolge und trage sie in Abb. 2.4 ein:

	DEINE WERTE
1	
2	
3	
4	
5	
6	
7	
8	
9	
10	

Abb. 2.3 Deine Werte

	DEINE WERTE - PRIORITÄTEN
1	
2	
3	
4	
5	
6	
7	
8	

Abb. 2.4 Deine Werte-Prioritäten

Wenn du magst, kannst du die Liste deiner Werte auch mit jemandem aus deinem engen Umfeld besprechen. Außenstehende haben oft eine andere Wahrnehmung und können hilfreiche Ideen und Aspekte zu deinen Überlegungen beisteuern.

Deine Stärken

Deine Stärken zu kennen und auch im Job nutzen zu können, ist ein weiterer wichtiger Baustein für ein zufriedenes und erfolgreiches Berufsleben. So wurde in Studien herausgefunden, dass das regelmäßige Nutzen der eigenen Schlüsselstärken bei der Arbeit zu höherem Engagement, stärkerer Zufriedenheit und psychischem Wohlbefinden führt [14].

Es ist für viele Menschen jedoch gar nicht so einfach, die eigenen Stärken herauszufinden. In der deutschsprachigen Kultur wird selten offen über Stärken gesprochen. Der Grund ist zum einen, dass wir auf Bescheidenheit sozialisiert wurden und evolutionär eher auf Gefahren und Negatives fokussiert sind [15]. Zusätzlich führen die sozialen Medien dazu, dass wir uns ständig vergleichen und unsere eigenen Talente und Fähigkeiten dadurch leicht als alltäglich oder banal empfinden.

Dass es sich überaus lohnt, sich auf die eigenen Stärken zu fokussieren statt an den Schwächen zu arbeiten, haben Marcus Buckingham und Donald Clifton in ihrem Buch „Entdecken Sie Ihre Stärken jetzt" [16] intensiv beleuchtet. Der Grund ist einfach, dass du mit etwas Einsatz eine Stärke verhältnismäßig leicht zu deiner Superpower entwickeln kannst. Denn in der Regel sind wir nicht nur gut in unseren Stärken, sondern wir nutzen sie auch mit großer Freude. Hingegen wird dich das Arbeiten an einer Schwäche extrem viel Kraft und Nerven kosten, um etwas nachzuholen, in dem du niemals so gut werden wirst wie andere, deren Stärke diese Eigenschaft ist. Eine echte Schwäche ist laut Buckingham und Clifton nur das, was einer herausragenden Leistung im Weg steht – alles andere ist meist irrelevant – es ist schlicht die Abwesenheit eines Talents. Wichtig ist, deine Schwäche zu kennen und zu wissen, wie du sie, falls nötig, kompensieren kannst – zum Beispiel, indem diese Aufgaben jemand anders im Team übernimmt, der in diesem Bereich eine Stärke hat.

Übung: So findest du deine Stärken

Um deine eigenen Stärken zu finden, kannst du dir folgende Fragen stellen:

- Welche Aufgaben machst du richtig gern – im Job und privat?
- Was fällt dir leichter als anderen, auch wenn du diese Fähigkeit gar nicht besonders findest? Vielleicht kommst du gut mit schwierigen Kunden klar? Oder du bist super in der Team-Event-Planung? Oder es fällt dir leicht, Themen zu strukturieren oder Lösungen für komplexe Themen zu erarbeiten?
- Welche Tätigkeiten beherrschst du wirklich gut?
- Wofür bekommst du oft Komplimente, Lob oder Dankesmails?

Weitere Tipps, um deine Stärken zu identifizieren:

- Befrage deinen Freundeskreis, deine Familie und Kolleg:innen. Den meisten fällt es leichter, die Stärken von anderen zu identifizieren als die eigenen.
- Persönlichkeitsanalysen: Es gibt online verschiedene gute und teils sogar kostenfreie Tests, die dir helfen können, deine Stärken zu analysieren. Eine Liste mit empfohlenen Tests findest du auf der begleitenden Website.

Quick Tipp

Nutze die folgende Textvorlage, um Menschen aus deinem beruflichen und privaten Umfeld um Feedback zu deinen Stärken zu bitten:

Liebe:r XY, ich habe heute eine kleine Bitte an dich. Ich lese gerade ein Buch für meine berufliche Entwicklung. Eine Übung darin ist, Menschen, die mich gut kennen, um ihre Einschätzung zu bitten. Daher meine Frage an dich: Was sind deiner Meinung nach meine größten Stärken? Über eine kurze Antwort würde ich mich sehr freuen!

Notiere dir jetzt auf Basis der obigen Übungen in Abb. 2.5 deine 10 größten Stärken:

	DEINE STÄRKEN
1	
2	
3	
4	
5	
6	
7	
8	
9	
10	

Abb. 2.5 Deine Stärken

2.6 Was ist dir wichtig bei der Arbeit? Checke die Rahmenbedingungen!

Die Rahmenbedingungen sind die Eckpfeiler jeder Arbeit. Wenn du hier Klarheit hast, bist du deinem Traumjob schon ein ganzes Stück näher, denn die Arbeitsumgebung und -konditionen haben einen großen Einfluss auf dein Wohlbefinden, deine Motivation und damit letztendlich auf deinen langfristigen Erfolg. Indem du dir bewusst darüber wirst, was dir in dieser Hinsicht wichtig ist, kannst du gezielt nach Stellen suchen, die zu dir passen und deine persönlichen Bedürfnisse erfüllen. Vielleicht sind es flexible Arbeitszeiten, eine gute Life-Balance, Entwicklungsmöglichkeiten, ein inspirierendes Arbeitsumfeld oder ganz andere Faktoren.

Du kannst den Prozess zur Definition der Rahmenbedingungen im Job vergleichen mit dem Suchen einer neuen Wohnung. Hier machst du dir im Vorfeld ja auch Gedanken, was dir wichtig ist – sprich: Größe der Wohnung, Lage, Ausstattung, Preis etc. So grenzt du die Suche im ersten Schritt ein. Bei der Jobsuche machen die meisten diesen Schritt nicht wirklich – dabei verbringen viele von uns mehr Zeit in der Arbeit als in ihrem Zuhause.

Auch wenn du gerade nicht auf Jobsuche bist, macht es Sinn, dass du dich mit diesem Thema beschäftigst. Vielleicht findest du ja heraus, dass dir Dinge wichtig sind, die du aktuell bei deiner Arbeit nicht verwirklichen kannst. Viele Rahmenbedingungen lassen sich leichter ändern als angenommen. Oftmals reicht es, die eigenen Wünsche einmal anzusprechen. Auch wenn sich nicht alles einfach über Nacht ändern lässt, so kannst du vielleicht zumindest eine Verbesserung der Situation erreichen.

> **Übung: Rahmenbedingungen**
>
> Im Folgenden liste ich verschiedenste Arbeits-Rahmenbedingungen auf. Gehe Punkt für Punkt für dich durch und überlege dir, was davon dir besonders wichtig ist. Notiere dir im Anschluss die für dich wichtigsten Bereiche und ergänze gerne, wenn dir etwas fehlt. Überlege dir auch, welche der Punkte unverhandelbar sind und welche davon eher „nice to have".
>
> - **Team** (groß/klein/divers/vor Ort/vertraut/Altersstruktur/Mindset)
> - **Chef:in** (nahbar/vor Ort/menschlich/Fachwissen/Führungskompetenz)
> - **Kultur/Klima** (Stimmung/flache Hierarchien/New Work/Offenheit/Politik/gelebte Werte/traditionell/kollegial/siezen oder duzen/Dresscode)
> - **Das „Wie"** (Gestaltungsfreiraum/Stress/Abwechslung/Kreativität)
> - **Führungsstil und Management** (respektvoller und motivierender Umgang/klare Kommunikation/Vertrauen/Entscheidungsfreiheit/Unterstützung)
> - **Gehalt** (von-bis – was brauchst du, um zufrieden zu sein?)
> - **Arbeits**zeit (flexibel/Teilzeit/wie viele Stunden pro Woche/wie viele Urlaubstage)
> - **Aufgaben** (Strategie/Kommunikation/Führung/Administration/allein/im Team)
> - **Arbeitsplatz** (modern/traditionell/Equipment/Technologie/Außendienst/Reiseanteil)
> - **Ort** (Stadt/Entfernung/Homeoffice/Mobile Office/Pendelzeiten/öffentliche Anbindung/zu Fuß, mit dem Rad zur Arbeit)

- **Leistungen** (Bonuszahlungen/Ermäßigungen/Kinderbetreuung/Kantine/Altersvorsorge/Job Rad/Firmenwagen/Zuschuss bei den öffentlichen Verkehrsmitteln/flexible Arbeitszeitmodelle für Eltern oder Pflegezeiten/Krankenversicherung/Betriebsarzt)
- **Entwicklungsmöglichkeit** (Weiterbildung/Feedbackgespräche/Aufstiegschancen/Mentoring-Programme/interne Jobrotation)
- **Sicherheit** (unbefristeter Vertrag/langfristige Branchensicherheit/Kündigungsfristen)
- **Soziale Verantwortung** (Unternehmen, die sich für Nachhaltigkeit, Umweltschutz oder gesellschaftliche Verantwortung engagieren)
- **Firmenstruktur** (Konzern/Mittelstand/Start Up/Agentur/öffentlicher Dienst/Headquarter oder Zweigniederlassung/Image/Bekanntheit etc.)
- **Branche/Produkt** (Wunsch-Branchen/Wunsch-Produkte)
- **Unternehmenswerte und Mission** (Übereinstimmung mit den eigenen Werten)

Wenn du nun weißt, was dir wichtig ist, ist der erste Schritt gemacht. Die Frage ist natürlich, wie du als Nächstes herausfindest, ob diese Kriterien bei einer für dich interessanten Firma zutreffen. Hier gibt es verschiedene Möglichkeiten:

- Zum einen kannst du dir online Bewertungsplattformen wie kununu.de oder glassdor.de anschauen, aber auch Jobportale wie Stepstone oder Indeed haben mittlerweile Bereiche, in welchen Mitarbeitende Firmen bewerten können.
- Natürlich ist es möglich, viele dieser Themen auch im Bewerbungsgespräch oder bereits im Voraus telefonisch zu erfragen. Hier empfehle ich dir allerdings, dass du auf eine gute Balance achtest, damit es nicht so rüberkommt, als ob du nur auf einen entspannten Job aus bist, sondern auch ernsthaftes Interesse an der Firma und der Tätigkeit hast.
- Als dritte Option kannst du über LinkedIn nach ehemaligen Mitarbeitenden suchen und höflich fragen, ob du ihnen kurz ein paar Fragen stellen darfst. Warum ehemalige Mitarbeitende? Diese sprechen in der Regel freier über ihre Erfahrungen als Personen, die aktuell im Unternehmen angestellt sind.

Über diese drei Wege sollte es möglich sein, ein umfangreiches Bild von den Rahmenbedingungen eines potenziellen Arbeitgebers zu bekommen. Jetzt kannst du in Ruhe darüber nachdenken, ob die Firma zu deinen Wünschen und Vorstellungen passt, oder nicht.

2.7 Interview mit Dr. Oliver Haas, CEO Das Neue Führen & Corporate Happiness

Dr. Oliver Haas, CEO Das Neue Führen & Corporate Happiness, Autor von „Das neue Führen – eine wahre Geschichte, wie Sie Zukunft gestalten" (www.das-neue-fuehren.de/buch) [17].

> **Lieber Oliver, du bist einer der profiliertesten Berater für qualitatives Wachstum und Potenzialentfaltung in Deutschland, Keynote Speaker und Erfolgstrainer. Du hast Firmen wie die Telekom, Schalke 04, Upstalsboom und viele mehr beraten. Welche Empfehlungen hast du für junge Menschen, die auf der Suche nach dem richtigen Beruf sind, der sie erfolgreich, erfüllt und zufrieden macht?**

> Das Wichtigste ist, dass sie gut in sich reinfühlen, was ihnen wirklich am Herzen liegt. Dies mag auf den ersten Blick banal klingen, aber in Wirklichkeit ist es eine entscheidende Frage, die viele vor Herausforderungen stellt. Oft sind wir so sozialisiert, den Erwartungen anderer zu entsprechen, sei es unseren Eltern oder der Gesellschaft. Daher ist es wichtig, sich bewusst zu fragen: „Was will ich denn wirklich? Wo fühle ich mich wohl? Was ist das Richtige für mich?" Das mag einfach klingen, aber es ist eine Aufgabe, die tatsächlich viel Selbstreflexion erfordert. Und der ein oder andere wird sehen, dass er sich damit intensiv beschäftigen muss und eventuell dabei herausfindet, dass der aktuelle Job nicht der Richtige ist. Es erfordert Mut, sich treu zu bleiben und, wenn nötig, einen neuen beruflichen Weg einzuschlagen.

> **Ein Zitat von dir ist: „Glücklich steht nicht am Ende, sondern am Anfang von echtem Erfolg!" Kannst du kurz erklären, wie das gemeint ist, und auch Empfehlungen für die Generation Z im beruflichen Kontext ableiten?**

Erfolgreich und glücklich wollen wir ja alle sein oder werden. Die Definition von Erfolg kann jedoch für jeden von uns unterschiedlich sein. Als gelernter Controller hätte ich früher wahrscheinlich Erfolg mit harten Zahlen in Verbindung gebracht, wie beispielsweise einem Umsatzwachstum von 20 % pro Jahr. Und jetzt kann man sich weiter fragen: Warum ist mir das denn so wichtig? Meine Antwort wäre wahrscheinlich gewesen, dass dies erforderlich ist, um Marktanteile zu behalten, als attraktiver Arbeitgeber wahrgenommen zu werden und zufriedene Kunden zu gewinnen.

Wenn man jedoch tiefer gräbt und sich immer wieder fragt, warum einem diese Dinge so wichtig sind, findet man oft emotionale Antworten.

Dann gelangt man zum Beispiel zu der Erkenntnis, dass einem all das nur deshalb so wichtig ist, weil man morgens mit einem guten Gefühl aufstehen möchte, weil man etwas Sinnhaftes machen und etwas beitragen will. Im Grunde genommen wollen wir alle nicht erfolgreich, sondern eigentlich glücklich sein.

Die Arbeit ist also eigentlich ein Mittel zum Zweck. Allerdings hat die Wissenschaft herausgefunden, dass erfolgreiche Menschen nicht glücklicher sind. Die Idee, dass Arbeit Mittel zum Zweck ist, geht für die meisten also nicht auf. Vielmehr wurde herausgefunden, dass es genau umgekehrt funktioniert. Wenn Menschen ein erfülltes Leben führen und glücklich sind, sind sie auch erfolgreicher, kreativer, loyaler, haben bessere Verkaufserfolge und sind weniger krank. Unternehmen sollten daher überlegen, wie sie Bedingungen schaffen können, die ihren Mitarbeitenden ein erfülltes Leben ermöglichen, da dies eigentlich die Basis für Erfolg ist.

Sinn in der Arbeit finden – geht das? Was braucht es, um die eigene Arbeit sinnvoll zu finden – und zu gestalten?

Durch viele Unternehmen rollt ja derzeit diese „Purpose-Welle", wo Firmen ihren Mitarbeitenden versuchen zu sagen, dass das, was sie machen, doch eigentlich sehr sinnhaft ist.

Obwohl ich nicht perfekt Englisch spreche, glaube ich schon zu verstehen, dass es eigentlich eher um „meaning" (die Bedeutung) geht – also nicht Mittel zum Zweck – sondern darum, dass jeder Mensch einer Sache selbst Sinn verleihen kann. Der Sinn fällt ja nicht vom Himmel.

Ein extremes Beispiel hierfür ist Viktor Frankl [18], der während seiner Zeit in Konzentrationslagern, selbst als er gefoltert und erniedrigt wurde, dieser Zeit einen Sinn geben konnte, sonst hätte er nicht überlebt.

Im Grunde geht es darum, sich selbst zu fragen, was einem als Mensch wichtig ist, und eine persönliche Vision zu entwickeln – unabhängig von der

2 Über die Arbeit und über dich selbst

Firma oder dem Job. Und wenn ich einen Teil von dem, was mir wichtig ist, in diesem Unternehmen leben kann, dann bin ich ein loyaler Mitarbeiter. Dann entsteht eine Win-Win-Situation und es hält mich was in der Firma.

Wie wichtig ist Selbstführung für ein zufriedenes Berufsleben?

Selbstführung ist wahrscheinlich DER Schlüssel, nicht nur zu einer erfolgreichen beruflichen Laufbahn, sondern zu einem generellen Lebenserfolg. Der Beruf ist ja nur ein Teil unseres Lebens, und wenn dieser Teil gut läuft, während andere Bereiche vernachlässigt werden, wird das insgesamt nicht funktionieren. Die meisten Menschen, die in meinen Kursen und Seminaren sind, wollen sich direkt mit Führung beschäftigen und sofort über Mitarbeiterführung sprechen. Aber es gibt diesen schönen Satz: „Nur wer sich selbst führen kann, kann auch andere führen."

Führung beginnt immer bei mir selbst und nie bei anderen. Dies gilt sowohl für Vorgesetzte als auch für Mitarbeitende. Es ist nie der böse Vorgesetzte oder der böse Partner, sondern immer mein Umgang damit. Sprich: Kann ich was verändern? Muss ich gehen? Kann ich meinen Frieden damit schließen? Oder bin ich dabei, mich ständig zu beschweren?

Ich habe eigentlich immer die Wahl!

Selbstführung bedeutet, dass ich mir meiner Selbst bewusst bin, dass ich mich kenne und weiß, was ich gut kann und auch, was ich nicht gut kann. Vor allem aber auch die Fähigkeit, etwas zu akzeptieren, worauf ich keinen Einfluss habe. Letzten Endes stecken darin das Glück und auch der Erfolg im Thema Selbstführung. Und das ist für viele auch unangenehm, weil sie sich gar nicht so tief mit sich selbst auseinandersetzen wollen. Auch das Thema, sich selbst so anzunehmen, wie man ist, gehört zum Thema Selbstführung dazu. Und deswegen ist das, was du fragst, das Essenziellste, womit sich Führungskräfte und Mitarbeitende beschäftigen können. Und das wäre auch im Sinne des Arbeitgebers, da es so viele positive Konsequenzen hat.

Was können gerade junge Menschen unternehmen, um stark und selbstbewusst durch diese stürmischen Zeiten zu manövrieren?

In diesen turbulenten Zeiten gibt es ja keinen festen Halt mehr im Außen. In der Vergangenheit war dies anders, alles war relativ berechenbar.

Spätestens seit Corona und den Krisen danach haben wir lernen müssen, dass es im Außen keinen Halt mehr gibt, weil morgen schon wieder alles ganz anders sein kann. Und wenn es keinen Halt mehr im Außen gibt, kann es ihn ja nur im Innen geben. Und unser Gehirn ist so gemacht, dass wir diese Sicherheit brauchen. Aus evolutionärer Sicht sind wir ja Energiesparer und unsere Gehirnzellen sind die Zellen, die die meiste Energie verbrauchen. Also funktionieren wir immer am besten in Kohärenz, sprich, wenn das, was im Außen passiert, mit dem übereinstimmt, was in mir drinnen ist.

Und wenn ich diese Sicherheit brauche – und sie im Außen nicht finde – muss ich sie in mir selbst aufbauen. Und das schaffen wir, wenn wir wissen, was für uns selbst wichtig ist, und für uns wählen, wie wir mit dem Wahnsinn da draußen umgehen.

Oftmals folgen Menschen dann den Rufen von laut schreienden Beratern, Experten, Trainern etc., die kurzfristige Lösungen anbieten, um diese Unsicherheit zu mildern. Das mag vorübergehend helfen, aber es behebt eben nicht das zugrunde liegende Problem. Der Umgang mit dieser Unsicherheit erfordert vielmehr, dass ich selbst herausfinde, was ich im Leben will, und mich immer wieder auf meine Eigenverantwortung zurückbesinne. Dazu gehört, mich damit zu beschäftigen, was meine Ängste verursacht und woher diese Ängste kommen. Sprich, was kommt tatsächlich aus der Realität – beispielsweise, wenn ein Krieg ausbricht, aber auch, welcher Teil aus meiner Lebensgeschichte kommt. Und wir sind ja auch nicht nur für unser Handeln verantwortlich, sondern auch für unsere Emotionen, die wir langfristig fühlen. Kurzfristig hat jeder emotionale Reaktionen, aber wenn ich stecken bleibe in dieser Angst, dann zeigen die Finger eigentlich auf mich.

Und an diesen Ängsten, Sorgen und Zweifeln anzusetzen und mit diesen Emotionen klarzukommen, ist das absolut Hilfreichste. Und aufzuhören, sich allzu sehr mit dem Außen zu beschäftigen, denn das Außen ist immer nur der Auslöser. In Wirklichkeit spiegelt das ja meine Unsicherheiten wider, und mit denen kann ich mich beschäftigen. Je früher ich das im Leben lerne, umso besser, weil sich die Denkmuster dann noch nicht so sehr gefestigt haben.

Wie können junge Angestellte Veränderungen in ihren Organisationen aktiv mitgestalten und erfolgreich umsetzen?

Es geht um das Wollen, das Können und das Dürfen. Zunächst stellt sich die Frage: In welcher Unternehmenskultur bin ich? In einigen Organisationen ist es schlichtweg nicht erwünscht, dass junge Leute sich einbringen. Hierbei spielt erneut die Eigenverantwortung eine entscheidende Rolle. Habe ich Lust, in einem solchen Unternehmen zu bleiben? Es ist oft auch eine Mutfrage, den Mund aufzumachen, wenn ich sehe, da könnte man etwas besser machen, und sich nicht einschüchtern lassen von denen, die einfach nur den Status quo behalten wollen. Aber auch mit Lockerheit damit umzugehen, dass nicht immer alles so gemacht wird, wie ich das als Einzelner gerne möchte. Vielleicht überblicke ich ja auch noch gar nicht alles, weil mir noch etwas Erfahrung fehlt.

Dies erfordert ein Gleichgewicht zwischen Demut und der Entfaltung des eigenen Potenzials.

Es ist auch wichtig, sich seine Bestätigung nicht dadurch zu holen, dass die Dinge dann auch immer so umgesetzt werden, wie ich es vorgeschlagen habe, sondern eher, dass ich mich einbringen konnte, eine gute Idee und den Mut hatte, etwas zu sagen. Was dann passiert, kann man dann auch loslassen und in die Hände anderer legen.

Wie wichtig ist Selbsterkenntnis für ein erfülltes und erfolgreiches (Berufs-)Leben?

Wenn man sich nicht selbst kennt, ist ja alles schwierig. Stell dir vor, du fährst ein Auto, aber keiner hat den Bauplan. Und plötzlich fängt das Auto an, langsamer zu fahren oder komische Geräusche zu machen. Und wenn ich keinen Bauplan habe, kann ich es nur abstellen und sagen: „Es geht nicht mehr". Ich könnte höchstens versuchen, den Tank oder das Wischwasser aufzufüllen oder ein anderes Symptom bekämpfen.

Und ich glaube, so ist es auch bei den Menschen. Viele denken, dass sie sich kennen. Aber eigentlich wissen sie nicht, wie sie reagieren und was ihre Muster sind – vor allem in der Tiefe. Und na ja, wenn man sich selbst nicht kennt, dann kann man sich ja auch nicht selbst führen.

Dann ist es, wie im Nebel herumzuirren. Und deswegen ist eigentlich die Basis für alles, sich erst mal selbst kennenzulernen und sich selbst zu verstehen. Dann fällt es auch leichter, sich selbst anzunehmen, weil du weißt, warum du bist, wie du bist. Und das ist das Wichtigste.

Fazit für die Praxis

- Selbstführung, also die Fähigkeit, das persönliche Verhalten, Emotionen und Motivation zu steuern, um die eigenen Ziele zu erreichen, ist die Grundvoraussetzung für eine aktiv nach den eigenen Wünschen gestaltete Karriere.
- Das Erleben von Sinnhaftigkeit bei der Arbeit entsteht laut Antonovsky, wenn wir verstehen, was wir tun und wozu es gut ist, die Arbeit machbar und zu bewältigen ist und wir den Sinn in unserem Handeln sehen können.
- Die Lebensvision und -ziele sind die Basis, um dein Leben aktiv in eine Richtung zu lenken, die dich glücklich macht. Es lohnt sich also sehr, in die Beantwortung dieser beiden Fragen Zeit zu investieren.
- Wenn dein Wofür, deine Werte und Stärken sich in deiner Arbeit wiederfinden, hast du eine hohe Wahrscheinlichkeit, im Job erfolgreich und zufrieden zu sein. Zusammen mit deinen generellen Wünschen an deine Arbeit wie Arbeitsinhalte, Balance und Arbeitsplatzsicherheit sowie deinen Rahmenbedingungen sind sie die Blaupause für deinen Traumjob!

Literatur

1. Seligman M (2012) Flourish – Wie Menschen aufblühen. Kösel, München
2. Bandura A (1997) Self-efficacy: the exercise of control. W. H. Freeman and Company, New York
3. Furtner M (2017) Self-leadership: basics. Springer Gabler, Wiesbaden
4. Luck J (2023) Generation Z auf dem Arbeitsmarkt: „Das bedeutet eine Revolution". https://www.stern.de/gesellschaft/gen-z-auf-dem-arbeitsmarkt%2D%2D-das-bedeutet-eine-revolution%2D%2D33142832.html?cc_bust=5003819. Zugegriffen am 31.10.2023
5. Antonovsky A (1997) Salutogenese: Zur Entmystifizierung der Gesundheit. dgvt, Tübingen
6. Schnell T (2020) Psychologie des Lebenssinns. Springer, Heidelberg
7. Bergmann F (2017) Neue Arbeit, neue Kultur. Arbor Verlag, Freiamt

8. Allan BA et al (2018) Outcomes of Meaningful Work: a Meta-Analysis. J Manag Stud 56(3):500–528. https://doi.org/10.1111/joms.12406
9. Boston Consulting Group (2021) Human-centered leaders are the future of leadership. https://web-assets.bcg.com/b4/67/551c4d9340a78a15ad08db0 2cf15/bcg-humancenteredleadersarethefutureofleadership-20210204-vf. pdf. Zugegriffen am 08.10.2023
10. Shell Deutschland (2015) Jugend 2015: 17. Shell Jugendstudie. S. Fischer Verlag, Frankfurt
11. McDonald's Deutschland (2019) Die McDonald's Ausbildungsstudie 2019. https://www.change-m.de/wp-content/uploads/2022/08/McDonalds-Ausbildungsstudie-2019.pdf. Zugegriffen am 22.06.2024
12. Steckl M, Simshäuser U, Niederberger M (2019) Arbeitgeberattraktivität aus Sicht der Generation Z. Präv Gesundheitsf 14:212–217. https://doi.org/10.1007/s11553-019-00703-w
13. Cozma I (2023) Welche Werte treiben Sie an? https://www.manager-magazin.de/harvard/selbstmanagement/wie-sie-in-drei-schritten-herausfinden-welche-werte-sie-wirklich-antreiben-a-5a2195be-d454-413a-8906-ce6d0fdf024c. Zugegriffen am 22.06.2024
14. Harzer C, Ruch W (2012) When the job is a calling: the role of applying one's signature strengths at work. J Posit Psychol 7(5):362–371. https://doi.org/10.1080/17439760.2012.702784
15. Thiele C (2020) Stärken stärken im Job – Teil 1: Was sind Stärken – und was nicht? https://www.xing.com/news/insiders/articles/starken-starken-im-job-teil-1-was-sind-starken-und-was-nicht-2925792. Zugegriffen am 08.10.2023
16. Buckingham M, Clifton D (2016) Entdecken Sie Ihre Stärken jetzt!: Das Gallup-Prinzip für individuelle Entwicklung und erfolgreiche Führung. Campus, Frankfurt
17. Haas O (2023) Das neue Führen – eine wahre Geschichte, wie Sie Zukunft gestalten. www.das-neue-fuehren.de/buch. Zugegriffen am 11.07.2024
18. Frankl V (2024) Trotzdem ja zum Leben sagen. Kösel, München

3
Deine Bewerbungsphase

In kaum einem anderen Bereich der Arbeitswelt hat sich in den letzten Jahren so viel getan wie im Bereich der Bewerbungen. Mittlerweile ist es vielerorts möglich, sich per WhatsApp zu bewerben und asynchrone Bewerbungsgespräche per Video-Chat zu führen. Auf der anderen Seite halten Firmen noch an klassischen Vorgehensweisen fest und erwarten noch immer eine schriftliche Bewerbung mit Motivationsschreiben, Zeugnissen und tabellarischem Lebenslauf.

So oder so – Wenn du dich entschieden hast, für eine Firma arbeiten zu wollen, ist deine Bewerbung erst einmal dein Ticket dorthin. Auch wenn sich in vielen Bereichen der Markt bereits von einem Arbeitgeber- zu einem Arbeitnehmermarkt gedreht hat, bleibt eine wichtige Frage: Wie kannst du deine Bewerbung so gestalten, dass sie dir die Tür zu deinem Wunschjob öffnet?

In diesem Kapitel erfährst du daher alles über die zentralen Themen im Bewerbungsprozess, wie du souverän Vorstellungsgespräche und Assessment Center meisterst bis hin zu den relevanten Schritten der Gehaltsverhandlung.

3.1 Wo bewerben für eine „sinn-volle" Karriere?

In Kapitel zwei lag der Fokus darauf, was es braucht, um generell Sinn bei der Arbeit zu erfahren.

Kurz zur Erinnerung: Diese vier Punkte sind laut der Psychologin Prof. Dr. Tatjana Schnell die Basis für eine als sinnvoll empfundene Arbeit [1]:

- **Kohärenz**: Deine Arbeit passt zu dir, deinen Werten und Überzeugungen.
- **Bedeutsame Arbeit**: Sinn entsteht oft dann, wenn du das Gefühl hast, dass deine Arbeit einen wirklichen Beitrag leistet und einen positiven Einfluss auf andere Menschen, die Gesellschaft oder die Umwelt hat.
- **Orientierung**: Du stehst hinter den Zielen deiner Firma.
- **Zugehörigkeit**: Du fühlst dich wertgeschätzt, eingebunden und als Teil einer Gemeinschaft.

Diese Aufzählung wird ergänzt durch die New-Work-Themen von Frithjof Bergmann „persönliche und berufliche Entwicklung" und „Entfaltung sowie Selbstverantwortung und Mitbestimmung" [2].

Grundsätzlich haben also die meisten Berufsfelder, Firmen und Positionen das Potenzial, dich glücklich zu machen, wenn die vorstehenden Punkte erfüllt sind.

Um Sinn bei der Arbeit zu empfinden, ist es zudem ausreichend, wenn DU den Sinn in deiner Arbeit siehst. Dafür ist es unabdingbar, dass du deine Bedürfnisse und Wünsche kennst. Wenn deine oberste Priorität aktuell beispielsweise darauf liegt, deiner Familie ein sicheres Umfeld zu bieten, dann hat erst einmal jeder Job, der diesen Wunsch befriedigt, für DICH einen gewissen Sinn.

Oft hilft es auch, den größeren Kontext zu betrachten, um einen übergeordneten Sinn in der eigenen Arbeit zu erkennen. Ein Beispiel könnten hier die Reinigungskraft sein, die OP-Säle reinigt, damit Menschen dort unter sterilen Bedingungen operiert werden können, oder der Ingenieur, der Bremssysteme für Autos entwickelt, um das Fahren sicherer zu machen.

Wenn dein Streben nach Sinnhaftigkeit und positiver Veränderung in der Welt zu deinen zentralen Anliegen zählt, gibt es einige Branchen und

Unternehmen, in denen du eine größere Wirkung erzielen kannst als in anderen.

Unter Firmen mit einem hohen „Sinn-Faktor" fallen:

1. **Grundsätzlich auf Nachhaltigkeit/Gesundheit ausgerichtete Unternehmen:** Dazu gehören Firmen, deren Produkte oder Dienstleistungen Themen wie Nachhaltigkeit oder soziale Verantwortung im Fokus ihres Handelns haben. In diese Kategorie fallen beispielsweise BIO-Produkte, erneuerbare Energien, Produkte aus Materialien im Sinne der Kreislaufwirtschaft, Gesundheitsprodukte oder -Dienstleistungen etc.

   Gute Anhaltspunkte, welche Firmen hier interessant sein können, bieten unter anderem der Bundesverband für nachhaltige Wirtschaft e. V. oder Unternehmen, die sich von Non-Profit-Organisationen wie B Corp für ihre sozialen und ökologischen Auswirkungen zertifizieren lassen.
2. **Non-Profit-Organisationen:** Gemeinnützige Organisationen oder NGOs bieten oft interessante Stellen mit sehr großem positivem Impact auf die Umwelt oder die Gesellschaft.
3. **Bildungssektor:** Die Arbeit an Schulen, Universitäten oder anderen Weiterbildungseinrichtungen bietet die Chance, Wissen zu vermitteln und Menschen in ihrer Entwicklung zu unterstützen und zu begleiten.
4. **Gesundheitswesen und Sozialarbeit:** Arbeit im Gesundheitssektor ermöglicht es, Menschen direkt zu helfen und ihr Leben positiv zu beeinflussen.
5. **Umwelt- und Naturschutz:** Die Arbeit zum Erhalt unserer Ökosysteme ist elementar für die Zukunft unseres Planeten.
6. **Forschung und Entwicklung:** Medizinische, technologische und wissenschaftliche Felder bieten die Gelegenheit, Innovationen zu entwickeln, die das Leben von Menschen in der Zukunft nachhaltig verbessern.
7. **Kultur:** Museen, Theater, Bibliotheken und kulturelle Organisationen bereichern unser Leben und schaffen Verbundenheit und Inspiration.

So unterschiedlich die einzelnen Felder sind, so verschieden sind auch die Rahmenbedingungen der Arbeit. Einige Bereiche bieten großen

Spielraum für eigene kreative Ideen, andere haben starre Leitplanken. In Unternehmen ist der Verdienst meist am höchsten, während das unmittelbare Sinnerleben in einer Non-Profit-Organisation oder beispielsweise im Pflegebereich vermutlich als am stärksten empfunden wird. Wichtig ist, dass du zusätzlich Klarheit über deine Wünsche für die Arbeit und die Rahmenbedingungen hast. So kannst du sie Punkt für Punkt mit potenziellen Abreitgebern abgleichen und diejenigen identifizieren, die am besten zu dir und deinen Bedürfnissen passen.

Wenn du etwas offener an die Suche herangehen möchtest, gibt es noch die Möglichkeit, sich auf Online-Jobbörsen mit speziellem Fokus auf nachhaltige oder sinnstiftende Jobs umzusehen. Eine Liste an Jobbörsen mit „sinn-vollen" Jobs findest du auf der Website zum Buch unter www.working-bliss.com/das-buch.

3.2 So findest du heraus, ob eine Firma zu deinen Werten passt

Du weißt ja nun, welche Werte und Rahmenbedingungen du dir von deinem künftigen Job erhoffst. Jetzt geht es darum, herauszufinden, welche Firmen und Stellenangebote zu dir und deinen Wünschen passen.

Klingt einfach? Wäre es auch, wenn Stellenanzeigen wirklich die Wahrheit über das Unternehmen, seine Kultur und die Position selbst preisgeben würden.

Was Stellenanzeigen oft enthalten
1. Floskeln: Unspezifische Phrasen wie „teamfähig", „zielorientiert" oder „flexibel" oder allgemeine Beschreibungen wie „spannende Aufgaben".
2. Eine lange Liste von Anforderungen, ohne Information darüber, worauf der Fokus liegt. Oft sind die Beschreibungen auch veraltet oder übertrieben ansprechend und modern formuliert.
3. Entweder keine Informationen über die Unternehmenskultur oder Auszüge aus einem Workshop mit Werten, die sich gut anhören, aber nicht gelebt werden.
4. Keine Gehaltsangabe.

5. Keine klaren Angaben zu den Arbeitszeiten oder schwammige Floskeln wie „flexibel". Für die einen heißt dies, dass es OK ist, mal eine halbe Stunde später anzufangen, für andere jedoch eine komplett freie Zeiteinteilung.
6. Keinerlei Informationen zu den Rahmenbedingungen wie Teamgröße, Dresscode, ob man sich duzt oder siezt, mit welchen Programmen und Tools gearbeitet wird und welche Zusatzleistungen es gibt.
7. Keine Informationen zur gewünschten Persönlichkeit oder den Soft-Skills.

Viele Unternehmen betrachten (und gestalten) ihre Stellenanzeigen mittlerweile ähnlich wie Werbeanzeigen. Vielerorts werden sie sogar von der Marketingabteilung erstellt. Wenn du wirklich herausfinden willst, ob eine Firma zu dir passt, lohnt es sich also, weitere Schritte zu gehen, um an die wirklich relevanten Informationen zu gelangen.

Der beste Startpunkt ist sicherlich das Internet. Auf der Unternehmenswebsite selbst kannst du in der Regel herausfinden, wie die Firma mit Themen umgeht, die dir wichtig sind, wie z. B. Umweltverantwortung, Vielfalt und Inklusion, Mitarbeiterentwicklung und -förderung. Sollten hier weder Zahlen noch Beispiele genannt werden, notiere dir diesen Punkt als Frage für dein Vorstellungsgespräch. Schaue dir neben der Firmen-Website auch Social Media an. Hier sind nicht nur die Beiträge selbst, sondern auch die Kommentare sehr aufschlussreich.

Um an weitere Details zur Unternehmenskultur zu kommen, empfehle ich folgende Schritte:

1. **Bewertungsplattformen:** Plattformen wie kununu bieten Nutzer:innen die Möglichkeit, ihren Arbeitgeber zu beurteilen. Sowohl aktuelle als auch ehemalige Mitarbeitende ergreifen hier das Wort. Sieh dir hier vor allem Kommentare zu Werten, Vision und Unternehmenskultur an.
2. **Netzwerken:** Sprich mit Menschen, die bereits in den Firmen arbeiten. Hier kannst du beispielsweise die entsprechenden Mitarbeiter:innen aus der gewünschten Abteilung recherchieren und dann direkt über LinkedIn kontaktieren. Ehemalige Mitarbeitende geben meist offenere Auskünfte als aktuelle.

3. **Fragen im Vorstellungsgespräch:** Hier hast du die Möglichkeit, gezielte Fragen zur Unternehmenskultur und den Werten zu stellen. Lass dir Beispiele geben. Frage auch die weiteren Punkte der Rahmenbedingungen ab, die dir wichtig sind!
4. **Praktika oder Hospitationen:** Viele Firmen bieten eine Art Arbeiten auf Probe an. Dies gibt dir einen praktischen Einblick und ermöglicht es, die Firmenkultur direkt zu erleben und mit den Menschen zu sprechen, die vor Ort im Unternehmen arbeiten.

Diese Schritte helfen dir, ein möglichst umfangreiches Bild deines potenziellen künftigen Arbeitsplatzes zu erlangen. Scheu dich nicht, auch noch einmal nach deinem Bewerbungsgespräch oder nach dem Probearbeiten Fragen zu stellen, wenn noch etwas unklar ist oder noch weitere Fragen aufgetaucht sind.

Wenn du dir die wichtigen Punkte deiner Rahmenbedingungen notiert hast, kannst du nun einen einfachen Abgleich machen. Sollten nicht alle Punkte erfüllt sein, hilft eine Pro- und Kontra-Liste, auf der du die einzelnen Punkte auch gewichtest. Unterscheide auch in Punkte, die unverhandelbar sind und „nice to have"-Themen.

3.3 Kurzinterview mit Malin Thunwall, PEOPLEMIND

Malin Thunwall ist die Gründerin von PEOPLEMIND und Expertin für Prozess- und Changemanagement (www.peoplemind.eu).

> **Welche Rolle spielten deine persönlichen Interessen, Werte und Leidenschaften bei deiner Berufswahl?**

> Sie spielten eine entscheidende Rolle. Eine Zeit lang hatte ich vergessen, was mir neben meiner Arbeit wichtig war. So begann ich, nach meinen Interessen außerhalb der Arbeit zu suchen, wie Sport und Ernährung. Diese Erkenntnisse halfen mir, meine berufliche Freiheit zu gestalten.

Welche Herausforderungen hast du auf deinem Weg gemeistert und wie haben sie dich geprägt?

Es gab viele Herausforderungen, aber eine große war, dass ich oft in der Rolle des Junior-Mitarbeiters war. Ich wurde vor allem zu Beginn wegen meines Alters oft unterschätzt. Das hat mich immer wieder herausgefordert, mich zu beweisen. Später habe ich diese Rolle unbewusst mitgenommen, auch zu einer Zeit, in der ich eigentlich bereits sehr erfahren war.

Welchen Rat würdest du jungen Menschen geben, die ihre berufliche Reise erst beginnen oder über einen Wandel nachdenken?

Ich habe drei wichtige Punkte, die ich jedem empfehlen würde:

- **Erstens, sei offen für neue Möglichkeiten.** Halte inne und suche bewusst nach Chancen in deiner Umgebung. Diese Offenheit ermöglicht es dir, herauszufinden, wer in deinem Umfeld dir Unterstützung bieten kann und von wem du lernen kannst. Ein Beispiel: Als ich gerade 19 oder 20 Jahre alt war, bin ich proaktiv auf eine unserer Logistikchefinnen zugegangen, die den Ruf hatte, etwas unnahbar zu sein. Ich fand ihre Erfahrung beeindruckend und wollte von ihr lernen. Daraus hat sich eine ganz tolle Unterstützung für mich entwickelt. Diese Erfahrung hat mich nachhaltig geprägt und zeigt, wie wichtig es ist, aktiv nach Unterstützung und Feedback zu suchen.
- **Zweitens, warte nicht darauf, Feedback zu erhalten.** Stattdessen solltest du den Mut haben, Feedback einzufordern. Gehe aktiv auf Kolleg:innen zu und frage, was du das nächste Mal besser machen kannst.
- **Schließlich, respektiere Hierarchien, aber fürchte dich nicht.** Es ist wichtig, Respekt vor Vorgesetzten zu haben, aber du solltest keine Angst vor ihnen entwickeln. Diese Einstellung hat mich unerschrocken gemacht und ermöglicht es mir bis heute, auch in traditionellen Unternehmen, in denen oft eine gewisse Furcht vor Vorgesetzten herrscht, erfolgreich zu sein. Daher ist es ratsam, Hierarchien mit Respekt, aber ohne übermäßige Ehrfurcht zu behandeln.

3.4 Wann, wie und mit welchen Unterlagen bewerben?

Seit über 16 Jahren sitze ich in Vorstellungsgesprächen auf der „anderen" Seite – auf der Seite des Arbeitgebers. In drei Firmen habe ich hunderte Gespräche geführt und das Vielfache an Bewerbungsunterlagen gelesen und mir wirklich oft dabei gedacht: „Warum hat er oder sie sich nicht besser vorbereitet?".

Wenn ich Bewerbungen lese, sortiere ich diese in drei Kategorien:

1. **Superstars** – haben die nötigen Qualifikationen und tolle, kurzweilige Bewerbungsunterlagen. Diese Bewerbungen kommen direkt eine Runde weiter.
2. **On hold** – entweder fehlen hier Qualifikationen oder Unterlagen oder die Form ist nicht ansprechend. Diese schaue ich mir erst an, wenn bei den Superstars nichts dabei ist.
3. **Unpassend** – hier stimmt gar nichts und es wird direkt abgesagt.

Die prozentuale Verteilung auf die drei Stapel ist in der Regel: 10 % Superstars, 40 % on hold und 50 % unpassend. Je nach Position und Unternehmen schwanken diese Werte natürlich.

Ähnlich sieht die Verteilung nach dem ersten Bewerbungsgespräch aus. Und auch hier überlege ich im Nachgang regelmäßig, woran es lag: Fehlt das Wissen, wie solche Gespräche ablaufen? Fehlt das Interesse? Ist es vielleicht einfach so, dass Menschen so unterschiedlich sind, dass es nicht immer passen kann?

Durch Gespräche mit Kolleg:innen und befreundeten Personaler:innen habe ich über die Jahre herausgefunden, dass es zum einen tatsächlich fehlendes Wissen ist, zum anderen ist es aber auch so, dass beide Seiten einfach nicht „dieselbe Sprache" sprechen.

Einerseits liegt dies daran, dass die meisten Schulen und Universitäten nicht vermitteln, wie man den passenden Job findet, sich effektiv bewirbt und erfolgreich in die Berufswelt einsteigt. Andererseits entstehen häufig Missverständnisse zwischen Bewerber:innen und Personaler:innen aufgrund des oft großen Altersunterschieds von vielen Jahren, wenn nicht sogar Jahrzehnten. Auch wenn wir mittlerweile keinen Arbeitgeber-

Markt mehr haben, sollte es eine Frage des eigenen Anspruchs sein, sich im Bewerbungsprozess professionell zu präsentieren. Dabei geht es nicht darum, sich zu verbiegen oder absurd langatmige Auswahlprozesse mitzumachen, sondern sich selbst und sein Können kompetent darzustellen und zu zeigen, dass einem der Job wirklich wichtig ist.

Wenn du merken solltest, dass dir die Bewerbung tatsächlich egal ist, ist es vermutlich nicht der richtige Job und es kann Sinn machen, noch einmal darüber nachzudenken, was dir wirklich wichtig ist und Freude bereitet, und dich anderswo zu bewerben.

Bewerbungsunterlagen
Um deinen Traumjob zu bekommen, bedarf es in der Regel einer schriftlichen Bewerbung. Das Wort „be-werben" beinhaltet das Wort „werben". Etwas – oder jemand – wird „be-worben".

Es geht also darum, dich im besten Licht zu präsentieren, um Aufmerksamkeit und im Idealfall auch deinen Traumjob zu bekommen. Eine vollständige Bewerbung besteht aus folgenden Teilen:

- Deckblatt
- Anschreiben
- Lebenslauf
- Zeugnisse (aus der Ausbildung, dem Studium und vorherigen Jobs oder Praktika. Schulzeugnisse braucht es in der Regel ab dem zweiten Job nicht mehr)
- Eventuell on Top: Empfehlungen/Auszeichnungen/Zertifikate

Häufig wird mittlerweile im ersten Schritt nur nach einem Lebenslauf und gegebenenfalls nach einem Anschreiben gefragt. Wann es welche Unterlagen braucht, erfährst du in den folgenden Absätzen.

3.4.1 So schreibst du eine Bewerbung, die Personaler:innen begeistert

Deine Bewerbung soll dir die Tür zum Unternehmen öffnen. Sie ist demnach deine Visitenkarte und dein Aushängeschild. Dementsprechend sorgfältig sollte sie gestaltet sein. Ein positiver erster Eindruck ist entscheidend. Professionell gestaltete und fehlerfreie Unterlagen sind essenziell, um zu einem Gespräch eingeladen zu werden. Der wichtigste Tipp daher schon vorab: Rechtschreibung, Grammatik und Formatierung sollten wirklich einwandfrei sein. Checke deinen Lebenslauf also am besten mit einem Rechtschreibprogramm und lass dann noch jemand anderen darüberlesen, von dem du weißt, dass er oder sie genau und ehrlich ist und sich im Idealfall auch mit Bewerbungen auskennt.

Jeder Kontakt mit deinem potenziellen künftigen Arbeitgeber sollte professionell und souverän erfolgen. Hierzu gehört auch jedes Telefonat mit der Personalabteilung etc. Bereite dich also immer gut vor, wenn du Kontakt aufnimmst. Notiere dir in Stichpunkten, was du in einem Telefonat besprechen möchtest, und lass auch deine E-Mails Korrektur lesen, bevor du diese verschickst. Prüfe auch, ob deine Anhänge vollständig und korrekt der Mail beigefügt sind.

Die gute Nachricht ist, dass es eigentlich ganz einfach ist, gute Bewerbungsunterlagen zu erstellen und sich positiv von anderen Bewerber:innen abzuheben. Es gilt dabei, folgende Dinge zu beachten:

- Allen voran: Überlege dir, welche Punkte und Themen interessant und relevant für diese Stellenanzeige sind. Stelle sicher, dass deine Unterlagen in Formatierung, Aufbau, Rechtschreibung und Grammatik einwandfrei sind und aussagekräftige Informationen über dich enthalten. Achte auf eine positive und aktive Sprache.
- Dein Mehrwert: Überlege dir, welche Erfolge du vorweisen kannst. Was macht dich aus, welche Erfahrung hast du bereits sammeln können, wo konntest du einen Mehrwert bringen? Diese Punkte kannst du im Anschreiben und/oder im Lebenslauf integrieren.
- Vorlagen: Es gibt mittlerweile unzählige kostenfreie und kostenpflichtige Anbieter, die Vorlagen für deine Bewerbungsunterlagen anbieten, allen voran das Tool Canva (in der Basisversion kostenfrei) und die Dokumentvorlagen in Word selbst (hierfür einfach auf „Word", dann „Datei", dann „Neu aus Vorlage" klicken. Oben im Suchfenster „Lebenslauf" eingeben und eine Vorlage aussuchen, die dir gefällt).
- Alternativ kannst du im Internet nach kostenfreien Vorlagen suchen und dich inspirieren lassen.

- Style/Formatierung: Deine Unterlagen sollten schön anzuschauen sein. Wähle dir dafür eine moderne, unaufgeregte Schrift (z. B. Calibri) aus. Dann entscheide dich für maximal drei unterschiedliche Formatierungen. Zum Beispiel, fett und größer für die Überschrift und nur fett für Unter-Überschriften.
- Wenn du dich z. B. für die Schrift Calibri in Schriftgröße 12 entscheidest, dann bleibe konsequent dabei. Die Überschrift kann dann z. B. Calibri in Schriftgröße 18 sein und eine Unter-Überschrift z. B. Calibri in Schriftgröße 12 und fett. So stellst du ein einheitliches Bild sicher und erleichterst ein schnelles Lesen und Verstehen der Inhalte. Bleibe auch bei einer Schriftfarbe mit maximal einem weiteren Farbakzent.
- Angestrebte Branche und Position: Sie bestimmt Inhalt, Stil und Umfang deiner Bewerbungsunterlagen. Bei der Bewerbung um eine Marketingposition wird ein modernerer Look erwartet als im Bereich Controlling. Je nach Alter und Berufserfahrung sollte der Lebenslauf nicht länger als eine oder maximal zwei Seiten sein.
- Sprache: Sie sollte aktiv und präzise sein. Leistungen und Erfolge sind immer mit konkreten Zahlen und Beispielen zu untermauern. Wichtig ist, den Fokus auf die Ergebnisse zu legen und nicht auf die Tätigkeit oder Verantwortlichkeit.
- Inhalt: Der Inhalt deines Lebenslaufs sollte individuell auf die Zielposition abgestimmt sein. Lies dir also die Stellenanzeige sehr genau durch, greife geforderte Erfahrungen und Qualifikationen auf (sofern dies der Wahrheit entspricht) und wiederhole gegebenenfalls wichtige Wörter aus der Stellenanzeige.
- Format: Speichere deine Dokumente vor dem Versenden immer als PDF-Datei und achte darauf, dass deine Anhänge in Summe nicht größer als 5 MB sind, da einige Unternehmen eine Begrenzung für Dateigrößen haben.
- Nenne deine Jobpositionen im Lebenslauf so, dass sie verständlich sind und das widerspiegeln, was du gemacht hast, auch, wenn es nicht die exakten Titel sind, die in deinem Arbeitsvertrag standen.
- Hol dir Hilfe: Bitte Freunde darum, dass sie dir ihren Lebenslauf als Inspiration und Orientierung schicken und du ihnen auch deinen für Feedback senden darfst. Wenn du wenig Erfahrung in der kreativen

Gestaltung von Dokumenten hast, kannst du auch Online-Anbieter beauftragen, die diese Aufgabe für dich übernehmen.
- Bild – ja oder nein? Dies ist eine kulturelle Frage. Im deutschsprachigen Raum sind Bewerbungen mit Bild die Regel. Daher meine Empfehlung: Investiere in ein gutes Bewerbungsfoto bei einem professionellen Fotografen. Bitte nutze kein Bild vom Passbild-Automaten oder das biometrische Foto deines letzten Ausweises.
- Reihenfolge der Dokumente: Wenn du deine Bewerbung digital versendest, speichere deine Dokumente einzeln und unter dem korrekten Namen als PDF (z. B. Lisa_Schneider_Lebenslauf). Die Frage nach der Reihenfolge stellt sich also nur beim postalischen Versand. Hier ist folgende Reihenfolge üblich (wobei Deckblatt und Anschreiben teilweise auch andersherum genutzt werden)

1. Deckblatt
2. Anschreiben
3. Lebenslauf
4. Zeugnisse und ggf. Empfehlungen/Auszeichnungen/Zertifikate

Deckblatt
Das Deckblatt ist normalerweise der erste visuelle Kontaktpunkt, der Auskunft über die eigene Person und die angestrebte Position gibt. Was alles auf dem Deckblatt enthalten sein soll, ist Geschmackssache. Es gibt hier kein Richtig oder Falsch. Ein Deckblatt ist generell kein „Muss". Es bietet jedoch zusätzliche Möglichkeiten zur Gestaltung und Raum, um zu zeigen, wer du bist und dass dir die Bewerbung wichtig ist.

Was auf jeden Fall auf ein Deckblatt gehört, wenn du dich dafür entscheidest:

- **Überschrift**: Zum Beispiel, Bewerbung und Name der Position, auf die du dich bewirbst, inkl. Referenznummer (falls vorhanden)
- Ein aktuelles, professionelles **Foto** von dir
- **Name und Anschrift**
- **Kontaktdaten** (E-Mail und Handynummer ev. LinkedIn)
- **Geburtsdatum**
- **Anlagenverzeichnis**: Lebenslauf, Zeugnisse, Referenzschreiben usw.

Lebenslauf

Der Lebenslauf ist der einzige Teil, der für eine Bewerbung wirklich ein „MUSS" ist. Um ihn führt kein Weg herum. Nutze hier eine Vorlage, wie oben beschrieben, um dir dein Leben zu erleichtern. Der rückwärtschronologische Aufbau ist im deutschsprachigen Kulturkreis der meistgenutzte. Sprich, du fängst mit der aktuellsten Station an. Dein Lebenslauf sollte deine Arbeitserfahrungen, relevante Ausbildungen, Praktika und Fähigkeiten auflisten. Hebe auch hier Leistungen und Erfolge hervor, nicht die Aufgabenbeschreibungen.

Was auf jeden Fall in deinen Lebenslauf gehört:

- **Persönliche Daten** (sofern nicht auf dem Deckblatt enthalten)
- **Berufserfahrung**: Arbeitserfahrungen, relevante Ausbildungen, Praktika inkl. Zeitraum, Ort und Namen des Unternehmens
- **Bildungsweg**: Ausbildung oder Studium und höchster Schulabschluss
- **Weiterbildungen** und Trainings
- Ggf. ein **Stärken-Profil** (wer du bist, was dich auszeichnet – hier wird gerne mit kleinen grafischen Elementen gearbeitet)
- **Persönliche Fähigkeiten und Kenntnisse:**
  - Sprachen mit Angabe des Sprachniveaus
  - EDV: Qualifikationen wie MS-Office oder branchenspezifische Skills und Tools
  - Interessen: Trau dich ruhig, etwas über dich preiszugeben. Das macht dich besser greifbar, hebt dich von anderen Bewerber:innen ab und man wird sich leichter an dich erinnern. „Joggen, Radfahren und Schwimmen" bleibt sicher bei niemandem hängen, wohingegen: „Ich trainiere für den Ironman Hawaii" oder: „Ich absolviere gerade die Ausbildung zum Hundetrainer" sehr klar etwas über deine Ambitionen aussagt und ein tolles Thema für etwas Smalltalk ist. Wichtig auch hier: Bei der Wahrheit bleiben!
- Auf jeder Seite in der Kopf- oder Fußzeile einmal deinen **Namen und die Kontaktdaten** integrieren
- **Unterschrift, Datum und Ort**

Folgende Angaben sind in einem Lebenslauf nicht nötig: Beruf der Eltern, Religion, Familienstand, Geschlecht, Herkunft, Staatsangehörigkeit, Informationen zur Grundschule.

Anschreiben
Viele Unternehmen legen nach wie vor Wert auf ein begleitendes Anschreiben. Meine Erfahrung ist, dass diese meist (wenn überhaupt) erst in einem zweiten Schritt (nach dem Lebenslauf) gelesen werden. Manchmal kann es sinnvoll sein, ein Anschreiben zu verfassen. Dies ist beispielsweise dann ratsam, wenn du zusätzliche Informationen liefern möchtest, die aus deinem Lebenslauf nicht hervorgehen. Das Anschreiben darf auch überraschen, zum Schmunzeln anregen, neugierig machen und vor allem noch relevante Dinge über dich verraten, die dich von anderen Bewerber:innen abheben.

Wenn du dich für ein Anschreiben entscheidest, solltest du Folgendes beachten:

Stelle deutlich heraus, warum du ein Gewinn für das Unternehmen bist. Vermeide Standardfloskeln à la: „Ich bin teamorientiert, interessiert und arbeite effizient". Das haben Personaler:innen schon hunderte Male gelesen. Überlege dir stattdessen, was dich wirklich einzigartig macht.

- Auch hier gilt: Arbeite heraus, welche Punkte und Themen interessant und relevant für diese Position sind. Sei unterhaltsam und kurzweilig. Auch Personaler:innen sind Menschen, die gerne Freude an der Arbeit haben. Begeistere sie durch interessante und aussagekräftige Informationen über dich und eine positive Sprache.
- Eine Frage oder eine spannende Überschrift kann dazu verleiten, dass dein Anschreiben mit mehr Aufmerksamkeit gelesen wird. Beispielsweise habe ich einmal ein Anschreiben mit folgender Überschrift verschickt: „Warum ich NICHT die passende Kandidatin für Ihre Stellenanzeige bin".

Im Anschreiben habe ich dann erklärt, dass ich alle Qualifikationen bis auf eine erfüllte – ich hatte nämlich deutlich mehr Berufserfahrung, als gefordert war. Ich legte dar, wieso ich der Meinung war, dass es diese Erfahrung auch braucht, um die Stelle optimal auszufüllen, und welchen Mehrwert meine zusätzliche Erfahrung dem Unternehmen einbringen würde. Diese ungewöhnliche Ansprache hat wohl neugie-

rig gemacht und so wurde ich zum Gespräch eingeladen und habe die Stelle nach drei Runden Auswahlverfahren schließlich auch erhalten.
- Länge: Ein Anschreiben sollte auf maximal eine Seite passen. Überlege dir bei jedem Satz, welchen Mehrwert diese Information für die Person bietet, die das Anschreiben liest. Wenn ein Satz keinen Mehrwert hat, streiche ihn.
- Wenn du dich aus einer ungekündigten Position heraus bewirbst, empfehle ich einen Sperrvermerk im Anschreiben, auch, wenn dies keine Garantie für Verschwiegenheit darstellt. Sperrvermerke werden eingesetzt, wenn Informationen vorläufig vertraulich behandelt werden sollen. Im konkreten Fall einer Bewerbung könnte dieser so aussehen: „Da ich mich in einer ungekündigten Festanstellung befinde, bitte ich Sie, meine Bewerbung vertraulich zu behandeln."

Zeugnisse
Idealerweise startest du bereits bei deinen ersten Nebenjobs damit, Zeugnisse zu sammeln. Ein gutes Zeugnis ist immer eine Bestätigung einer dritten, außenstehenden Person über die Qualität deiner Arbeitsleistung. Dabei ist es als Berufsanfänger egal, ob es um dein zweiwöchiges Schülerpraktikum geht oder um deine Aushilfstätigkeit im Café. Frage bei jedem Job und vor allem zeitnah nach einem Zeugnis – am besten noch, während du im Unternehmen bist.

Bei Zeugnissen gibt es definierte Klauseln, die in Schulnoten deine Leistung beurteilen und positiv formuliert sein müssen. Diese solltest du kennen, um beurteilen zu können, ob ein Zeugnis gut ist oder nur gut klingt. Bei jedem qualifizierten Zeugnis gibt es verschiedene Bereiche über Teilaspekte deiner Arbeit und in der Regel immer eine Abschlussformulierung. Auf diese kommt es vor allem an, denn sie fasst deine komplette Leistung zusammen. In Abb. 3.1 findest du die wichtigsten Abschlussformulierungen und was sie bedeuten [3]:

Beim Wechsel des Vorgesetzten oder bei einer Beförderung ist es ratsam, stets ein Zwischenzeugnis anzufordern. Dies hat drei Vorteile:

1. Du weißt genau, wo du stehst, und sollte zum Beispiel die Zusammenarbeit mit einer neuen Führungskraft nicht so ideal sein wie mit der vorherigen, hast du eine gewisse Sicherheit, was dein Abschlusszeugnis angeht. Dieses muss sich nämlich am Zwischenzeugnis orientieren [4].

Note	Zeugnissprache / Formulierung
Sehr gut (1)	…stets zur vollsten Zufriedenheit
Gut (2)	…stets zur vollen Zufriedenheit
Befriedigend (3)	…zur vollen Zufriedenheit
Ausreichend (4)	…zur Zufriedenheit
Mangelhaft (5)	… im Großen und Ganzen / im Allgemein in der Regel zu unserer Zufriedenheit
Ungenügend (6)	…hat sich bemüht

Abb. 3.1 Zeugnis-Abschluss-Formulierungen

2. Du hast ein aktuelles Zeugnis, mit dem du dich auf neue Stellen bewerben kannst.
3. Dein Arbeitgeber ist sich deiner Arbeit nicht ZU sicher. So werden deine Arbeit und deine Loyalität nicht als selbstverständlich hingenommen.

Wichtig zum Thema Zeugnis: Mit fortschreitender Berufserfahrung und Anzahl an Zeugnissen werden frühere Zeugnisse der Bewerbung nicht mehr beigefügt. Als grobe Orientierung gilt:

- Bei den ersten beiden Jobs sollte man die Studienzeugnisse, Sprachzertifikate und auch Arbeitszeugnisse aus den ersten (Aushilfs-)Jobs mitschicken, ebenso das Zeugnis mit dem höchsten Schulabschluss.
- Beim dritten Job bzw. nach 3 bis 5 Jahren Berufserfahrung werden nach und nach erst die Zeugnisse aus Nebenjobs weggelassen, dann die Schulzeugnisse sowie Sprachzertifikate (es sei denn, es werden z. B. explizit Sprachkenntnisse gefordert).
- Ab ca. 10 Jahren Berufserfahrung schickt man weder Studien- noch Praktikumszeugnisse mit, sondern fängt mit dem ersten richtigen Arbeitszeugnis an.

Empfehlung/Referenzschreiben
Eine Referenz oder Empfehlung ist freiwillig und kann individuell bei einer von dir gewählten Person angefragt und frei formuliert werden. Referenzen werden im deutschsprachigen Raum noch wenig genutzt, haben aber eine nicht zu unterschätzende, positive Wirkung. Am besten bietet sich eine ehemalige Führungskraft für ein Referenzschreiben an – auf jeden Fall sollte es eine Person sein, mit der du eng zusammengearbeitet hast. Wenn du dich gerade auf deinen ersten Job bewirbst, kann auch eine Referenz eines Vereins, in dem du ehrenamtlich tätig bist, oder von Lehrer:innen oder Dozent:innen hilfreich sein. Ich empfehle, einer Bewerbung nicht mehr als drei Referenzen beizufügen.

Folgende Informationen sollten in einer Referenz enthalten sein [5]:

- Name und Tätigkeit des Referenzgebers bzw. der Referenzgeberin
- Name und Tätigkeit des Unternehmens, idealerweise mit Firmenbriefkopf
- Telefonnummer für Rückfragen
- Dein vollständiger Namen
- Dein Verhältnis zum Referenzgeber und Zeitraum der Zusammenarbeit
- Beschreibung deiner Aufgaben, besondere Leistungen und Fähigkeiten
- Deine größten Erfolge und was dich besonders auszeichnet
- Unterschrift und Datum

In Abb. 3.2 findest du zur Orientierung noch einmal alle Bewerbungsdokumente aufgelistet und wann welche Unterlagen mitzuschicken sind.

Nach Fertigstellung deiner Unterlagen stellt sich nun die Frage, wo du geeignete Jobangebote finden kannst. Mittlerweile gibt es eine Unmenge an Jobbörsen. Neben den auf Nachhaltigkeit spezialisierten Plattformen, die weiter oben vorgestellt wurden, sind folgende Angebote ein guter Ausgangspunkt für deine Recherche:

- **Online-Plattformen** wie LinkedIn/Indeed/Jobware/Stepstone/Experteer/Monster. Auch wenn es sich nach „Social Media" anfühlt – Professionalität in den Unterlagen und in der Kommunikation sind auch hier ein „Muss". Für manche Berufsgruppen existieren spezielle Online-Portale, die du leicht über eine kurze Internet-Recherche finden kannst.
- Dein **Alumni-Netzwerk**, die hochschuleigene Karriereseite oder das Schwarze Brett sowie der Newsletter deiner Berufsschule,

Dokument	Wann mitschicken?
Deckblatt	Für höhere Positionen, sonst nach Geschmack
Anschreiben	Wenn zwingend gefordert oder hilfreich um zusätzliche Informationen zu liefern
Lebenslauf	Immer
Schulzeugnisse / Studienzeugnisse und Nebenjob Zeugnisse	Höchster Schulabschluss und Studienzeugnisse bei den ersten zwei Jobs. Nach und nach die ältesten und unwichtigsten weglassen
Arbeitszeugnisse	Zeugnisse von Festanstellungen immer mitschicken
Referenzschreiben	Wenn vorhanden
Auszeichnungen / Zertifikate	Zu Berufsbeginn und wenn passend zur Stelle

Abb. 3.2 Übersicht Bewerbungsunterlagen

- **Firmen-Webseiten** und deren **Social-Media-Kanäle,**
- **Zeitungen.**

Neben dem klassischen Weg, deine Unterlagen direkt an die Personalabteilung eines Unternehmens zu schicken, gibt es noch weitere Möglichkeiten, einen Fuß in die Tür deines Wunschunternehmens zu bekommen.

Im Normalfall haben die meisten Bewerber:innen schon **Praktika** oder **Volontariate** gemacht, bevor sie den ersten festen Job suchen. Wenn das bei dir der Fall ist und dir eine der Firmen gut gefallen hat (und du hoffentlich einen sehr guten Eindruck hinterlassen hast), fällt es dir sicher leicht, deine ehemaligen Kolleg:innen zu kontaktieren und hier eine Bewerbung zu platzieren.

- **Persönlich vorstellig werden**: Je nach Größe der Firma kann dies eine sehr erfolgreiche Strategie sein. Als ich während meines Studiums auf

der Suche nach einem Praktikumsplatz war, druckte ich fünf Bewerbungen aus, zog meinen besten (damals einzigen) Hosenanzug an und ging persönlich bei den fünf von mir ausgewählten Agenturen vorbei. Am Empfang erkundigte ich mich nach der zuständigen Person für Einstellungen. In vier von fünf Fällen hatte ich Glück und durfte direkt (wenn auch nur kurz) mit den Personaler:innen sprechen und meine Bewerbung überreichen. Dass jemand persönlich vorbeikommt, passiert wohl nicht sehr häufig, und so stach ich aus der Masse hervor und bekam von allen Agenturen eine Einladung zum Vorstellungsgespräch und konnte mir am Ende aussuchen, wo ich arbeiten wollte.
- **Recruitment-Messe:** Am meisten lohnt sich ein Besuch mit fertigen Bewerbungsunterlegen und im Business-Outfit. Der Vorteil ist, dass sich die Firmen und deren Personalabteilungen auf Recruiting-Messen selbst vorstellen und du so schon Mitarbeitende kennenlernen und beurteilen kannst, ob dir die Stimmung und das Team sympathisch sind. Hinzu kommt, dass deine Gesprächspartner Zeit und Interesse an einem Dialog mit dir haben, da sie ja auf der Suche sind.
- **Verrücktes:** Je nach Zielbranche und -Position kann es sinnvoll sein, es auch auf einem komplett anderen Weg zu versuchen. Hierzu zählen Ideen wie z. B. für eine Outdoor-Bekleidungsfirma einen Kuchen in Bergform mit kleinen Kletter-Figürchen zu backen, ein Plakat als Bewerbung direkt vor dem Firmenstandort zu buchen (ggf. mit einem QR-Code zur eigenen Website verlinken) oder ein YouTube-Video zu drehen. Diese Vorgehensweise ist jedoch nicht immer empfehlenswert, da sie möglicherweise übertrieben oder aufgesetzt wirken kann.

Bleibt noch die Frage zu klären, wann du anfangen solltest, dich zu bewerben, und wie viele Bewerbungen du insgesamt schreiben solltest. Beide Fragen sind schwer pauschal zu beantworten.

Zum Wann: Ich empfehle lieber zu früh als zu spät.

Für Berufsanfänger gilt: Warte nicht, bis du deinen Abschluss in der Hand hältst, um dir dann erst zu überlegen, was du damit eigentlich machen möchtest.

Auch wenn du den Job wechseln möchtest, solltest du einige Monate einplanen. Konkret in die Bewerbungsphase starten solltest du in der Regel etwa sechs Monate vor dem Zeitpunkt, an dem du final im neuen

Job starten möchtest. Warum so viel Zeit einplanen? Es dauert meist einige Wochen, bis du deine Unterlagen komplett zusammengestellt hast. Zeitgleich solltest du anfangen den Markt zu sondieren: Welche Stellen gibt es gerade, bei welchen Firmen, in welchen Städten? Vermutlich setzt du dich nun zum ersten Mal konkret damit auseinander, was deine Wünsche an die Rahmenbedingungen sind. Bist du beispielsweise bereit, für einen Job in eine fremde Stadt zu ziehen?

Nun kommt die Anzahl der Bewerbungen mit ins Spiel: Fokussiere dich auf die wenigen Positionen, die dein Herz höherschlagen lassen, und gib hier alles. Plane dir als Ziel zum Beispiel vier Wochen für die Erstellung deiner Unterlagen ein und danach jede Woche eine Bewerbung für eines deiner Wunsch-Unternehmen. Zusätzlich kannst du noch drei Bewerbungen pro Woche an Firmen schicken, die auf den ersten Blick eher in die „B-Kategorie" fallen. Versuche auf jeden Fall, so viel Erfahrung wie möglich zu sammeln, im Bewerben, in der Kommunikation mit Personalabteilungen, in Vorstellungsgesprächen, in Assessment-Centern und auch im Umgang mit Absagen.

3.4.2 Kurzinterview mit Moritz Schubert, OMR

Moritz Schubert ist Director Sales & Partnerships OMR (www.omr.com).

Gibt es spezifische Punkte in einem Lebenslauf oder Anschreiben, auf die du besonders achtest?

Ja, ich lege besonders Wert auf Positivität. Wenn mich das Anschreiben oder die Aufmachung der Bewerbung bereits davon überzeugt, dass der Bewerber oder die Bewerberin wirklich Lust auf die Stelle hat, sind das sehr gute Anzeichen. Erfahrung ist natürlich in einigen Positionen ebenfalls wichtig. Wenn Bewerber:innen bereits in ihren Bewerbungsunterlagen überzeugend darstellen können, warum sie sich für die Stelle und das Unternehmen interessieren, haben sie sehr gute Chancen.

3 Deine Bewerbungsphase

Welche Soft-Skills sind deiner Meinung nach für die Generation Z am wichtigsten, um erfolgreich in Teams zu arbeiten?

Die wichtigsten Soft-Skills sind Kommunikation, Offenheit auch anderen Generationen gegenüber sowie unternehmerisches Denken und natürlich Spaß an der Arbeit.

Wie hat sich die Art der Vorstellungsgespräche in den letzten Jahren verändert, um der Generation Z gerecht zu werden?

Die Veränderung bringen die Bewerber:innen selbst stark ein. Ich muss immer wieder im positiven „schmunzeln" bei einige Fragen, die junge Bewerber:innen stellen. Es sind die „Trendthemen" wie Workation, Homeoffice oder auch andere Annehmlichkeiten und Freiräume. Ich erlebe, dass die Messbarkeit ein sensibles Thema ist und der Wunsch nach Vertrauen groß.

Welche Maßnahmen hat OMR ergriffen, um von der Generation Z als attraktiver Arbeitgeber wahrgenommen zu werden?

Als noch junges Unternehmen haben wir in den letzten Jahren eine Vielzahl grundlegender Personalthemen angestoßen und Maßnahmen ergriffen. Wir professionalisieren uns in allen Bereichen – und eben auch im Bereich „People and Culture". Dabei haben wir das große Glück, eine tolle Kollegin zu haben, die den Bereich mit viel Herzblut aufgebaut hat. Zudem haben wir unter anderem durch unsere Marke, das OMR Festival und den OMR Podcast eine hohe Aufmerksamkeit und Strahlkraft als Arbeitgeber und eine große eigene Reichweite innerhalb der GEN Z. Die meisten unserer Stellen bleiben nicht lange offen.

3.5 Dein Auftritt im Web

Bevor du anfängst, dich zu bewerben, empfiehlt es sich, im Internet nach deinem Namen zu suchen und zu überprüfen, welche Informationen dort über dich zu finden sind. Suche dafür deinen Vornamen und Nachnamen mit Anführungsstrichen (also: „Maria Weber") und dann schaue dir nicht nur die allgemeinen Suchergebnisse an, sondern auch, was du unter der Bildersuche und auch bei Videos finden kannst. Um einen möglichst professionellen Eindruck auf potenzielle Arbeitgeber zu machen, empfehle ich dir, diejenigen Profile auf privat zu stellen, die du gerne auch privat halten möchtest. Erstelle im Gegenzug dafür (sofern nicht schon vorhanden) auf einem beruflichen Netzwerk wie LinkedIn ein vollständiges Profil über dich. Die Stationen deines Lebenslaufs sollten sich natürlich mit denen decken, die du in deiner Bewerbung angibst. Füge auch hier ein ansprechendes, professionelles Bild von dir ein und fülle das gesamte Profil aus. Achte auf eine gute und fehlerfreie Beschreibung im „Über mich"-Bereich, die das Interesse von Personaler:innen weckt.

Fange an, dich mit Themen und Nachrichten aus der Branche zu beschäftigen, in der du arbeiten möchtest. Wenn du dich z. B. im Marketing-Bereich auf eine Stelle bewirbst, dann ist es von Vorteil, dass man sieht, dass du dich mit der Materie auseinandersetzt und aktiv bist, beispielsweise großen Agenturen folgst und auch mit deren Posts interagierst. Solltest du dich auf eine Stelle in der IT bewerben, dann sind entsprechende Qualifikationen und Interessen in deinem Profil hilfreich. Wie zu Beginn dieses Kapitels schon beschrieben, geht es beim „bewerben" darum, Werbung in eigener Sache zu machen. Wenn du dich mit den Möglichkeiten einer professionellen Selbstdarstellung beschäftigst, ist dies sehr sinnvoll investierte Zeit, um deine Ziele zu erreichen.

Wenn über dich im Internet Informationen auftauchen, die du nicht öffentlich zugänglich machen möchtest, bemühe dich darum, diese zu entfernen oder einzuschränken. Es wird eventuell Seiten geben, deren Inhalt du nicht selbst ändern kannst, zum Beispiel, wenn Bilder eines feucht-fröhlichen Abends in deinem Verein online gestellt wurden. In diesem Fall kannst den Seitenbetreiber kontaktieren (Kontaktdaten stehen immer im Impressum) und darum bitten, das Bild und deinen Namen zu entfernen. Hierzu sind die Betreiber der Seiten rechtlich verpflichtet.

Ähnlich wichtig: Besprich deine Mailbox mit einem persönlichen, professionellen Text und erstelle eine seriöse E-Mail-Adresse (mit deinem Vor- und Nachnamen) für die E-Mail-Kommunikation.

3.6 Vorstellungsgespräche – Fragen, Auftritt, Vor- und Nachbereitung

Wenn deine Bewerbungsunterlagen zielgenau erstellt und sorgfältig ausgearbeitet sind, werden die Einladungen zu den ersten Vorstellungsgesprächen bald folgen. Wichtig ist, dass du dir vor Augen hältst, dass es nun um ein gegenseitiges Kennenlernen geht. Versuche dich also nicht nur darauf zu konzentrieren, wie du der Firma gefallen kannst, sondern überlege dir vor allem, was du herausfinden möchtest, um beurteilen zu können, ob du dir vorstellen kannst, mehrere Jahre in diesem Unternehmen zu arbeiten.

Jetzt liegt es an dir, wie weit du das Bewerbungs-Spiel mitspielen möchtest. Auf der einen Seite willst und solltest du dich für deinen künftigen Job nicht verbiegen, auf der anderen Seite möchtest du den Job ja gerne bekommen. Hab im Kopf, dass dein Gegenüber vermutlich schon ein paar Jahre länger im Berufsleben steht als du. Er oder sie hat sich die heutige Position erarbeiten und „verdienen" müssen. Wenn du den Job möchtest, ist es wichtig, Sympathien zu gewinnen. Denk dir einfach: „OK Boomer, ich spiele dein Spiel mit", wenn du das Jobangebot erhalten möchtest. Scheue dich auf der anderen Seite aber auch nicht, selbstbewusst über dich und deine Erfolge zu sprechen. Am Ende ist es ein kleiner Balanceakt zwischen Gewinnen und sich selbst treu zu bleiben.

3.6.1 Schritt 1 – Vorab

Erkundige dich über die Firma. Hierfür bietet sich allen voran das Internet an. Schau dir die Firmenwebsite an und recherchiere, was es ansonsten noch für wichtige Informationen gibt. Dies können z. B. ein neuer Wettbewerber, ein neues Produkt oder eine geänderte Werbestrategie sein.

Du musst nicht alle Fakten auswendig wissen, aber Hauptwettbewerber, etwas über die Branche und ein paar Informationen, die belegen, dass du deine Hausaufgaben gemacht hast, sollten dir bekannt sein. Notiere dir die Informationen am besten in einem Notizbuch, das du auch zum Gespräch mitnimmst.

Erfrage vorab, wie das Kennenlernen ablaufen wird, welche Personen teilnehmen und recherchiere diese Personen im Internet (Position/Funktion). Finde heraus, ob es nur ein Gespräch ist, ob du dich vorbereiten kannst, ob du z. B. mit anderen Bewerber:innen zeitgleich da bist etc.

Wenn der Tag selbst gekommen ist, ist die Hälfte schon geschafft. Du kannst stolz auf dich sein, diesen ersten Schritt gemeistert zu haben. Dieses Gefühl solltest du mit ins Gespräch nehmen. Freu dich über die Chance auf das Treffen und hab keine Angst vor dem Termin. Es geht um ein gegenseitiges Kennenlernen, ähnlich wie bei einem ersten Date. Natürlich willst du dich von deiner besten Seite zeigen, aber noch weißt du ja nicht, ob ihr gut zusammenpasst.

Folgende Punkte helfen dir, souverän aufzutreten:

- Bereite dich vor – nimm alle Unterlagen mit, die du an das Unternehmen geschickt hast.
- Ebenso sollten sich ein Notizbuch und ein schöner Stift in deiner Tasche befinden.
- Kleidung: Am besten schaust du in den sozialen Medien, ob du Bilder der Mitarbeitenden bei der täglichen Arbeit findest. Dies ist ein guter Anhaltspunkt, wie du dich selbst kleiden solltest. Wenn du nicht sicher bist, im Zweifel etwas schicker. In den meisten Branchen ist heutzutage ein Anzug oder Kostüm für das Bewerbungsgespräch nicht mehr notwendig. In sehr konservativen Branchen kann dies jedoch gewünscht sein. Daher ist es wichtig, dich im Vorfeld zu informieren. Gepflegt und sauber sollte dein Outfit in jedem Fall sein. Deine Unterlagen hast du am besten in einer schönen Tasche oder Mappe dabei.
- Pünktlichkeit: Sei lieber etwas zu früh da und gehe noch einmal in den Waschraum. Atme hier tief durch und versetze dich in eine positive Stimmung. Checke noch einmal dein Outfit und lächle dir selbst im Spiegel zu. Damit schüttelst du deine Nervosität ab und wirkst positiver und souveräner.

- Achte auf frischen Atem, aber keinesfalls Kaugummi während des Gesprächs.
- Schalte dein Smartphone auf Flugmodus.

Quick-Tipp von Sabina Plessow, aboutsoulyoga

Sabina Plessow ist C-Level-Führungskraft in der Digital- und Kommunikationsbranche und Gründerin von aboutsoulyoga (www.about-soul.de).

Dein Notfall-Kit gegen Nervosität und Stress vor Vorstellungsgesprächen, Assessment-Centern oder dem ersten Arbeitstag: Erst einmal ist es gut, die Nervosität zu bemerken. Versuche nicht sie zu unterdrücken, sondern nimm dir bewusst ein paar Momente, um zu lokalisieren, was genau du spürst: Ist es eine schnellere Atmung, dein pochender Herzschlag, feuchte Hände, eine zittrige Stimme ….

Stress ist ein Kurzzeit-Notfallprogramm, das uns helfen kann, in echten oder gefühlten Notsituationen mit einer Art Tunnelfokus zu reagieren. Um im Vorstellungsgespräch oder an den ersten Tagen im neuen Job einen kühlen und ruhigen Kopf zu bewahren, kannst du das Auftreten von Stress-Symptomen allerdings verkürzen und abmildern.

Als Erstes: Halte dir folgende Punkte vor Augen:

1. Du bist gut vorbereitet, ruf dir das in Erinnerung.
2. Sei optimistisch. Wie du bereits gelernt hast: Dein Mindset zählt!
3. Erkenne deine Nervosität an, ignoriere sie nicht, lokalisiere sie.
4. Beruhige dein Nervensystem nun mit einer der folgenden Techniken.

Möglichkeit 1 – Atemübung sehr kurz

- Schließe die Augen, lege die Hände auf deinen Bauch. Das ist zum Beispiel im Waschraum im Stehen möglich – oder im Sitzen im Wartebereich.
- Atme tief ein und aus und zähle auf drei. Wiederhole dies dreimal.
- Nun verlängere die Ausatmung auf sechs (doppelt so lang wie die Einatmung). Wiederhole auch dies dreimal.
- Dann, lass den Atem wieder locker fließen und öffne sanft die Augen.

Möglichkeit 2 – Sinne Fokus

- Schließe die Augen.
- Suche dir zwei Geräusche aus deiner Umgebung und nimm sie ganz aktiv wahr. Konzentriere dich gut auf sie und beobachte, ob sie sich verändern.

Zähle dabei bis fünf, dann lass das eine Geräusch ganz aktiv los und fokussiere dich auf das andere. Zähle noch einmal bis fünf und lass dann auch das zweite Geräusch komplett los.
- Nun entspanne deinen Körper: Schiebe den Kiefer von links nach rechts, dann lass ihn locker. Entspanne deine Körpervorderseite, lass den Bauch ganz rund und dick werden, und lass die Kehle und den Kiefer locker. Mach die Stirn ganz glatt und auch den Bereich zwischen den Augenbrauen, sogar die Augen selbst.

Gehe die Übungen in deiner Vorbereitungsphase immer mal wieder durch, sodass sie dir bekannt vorkommen und du einschätzen kannst, was dir am besten hilft. Und nun: Viel Erfolg und viel Spaß!

3.6.2 Schritt 2 – Die Begrüßung

Das erste persönliche Aufeinandertreffen ist ein spannender Moment. Eigentlich kann man nicht viel falsch machen – doch der Form halber: Hier die wichtigsten Tipps für den ersten Eindruck:

- Gib jeder der anwesenden Personen die Hand und achte auf einen festen Händedruck, schaue dabei deinem Gegenüber in die Augen und lächle, wenn dir danach ist.
- Während des Händeschüttelns stelle dich mit ganzem Namen vor und bedanke dich für die Einladung.
- Im Normalfall stellt sich dein Gegenüber nun auch vor. Wiederhole den Namen am besten direkt. Das ist wertschätzend und so kannst du ihn dir auch leichter merken: „Hallo Frau Winter, schön, Sie persönlich kennenzulernen". Wenn du dir Namen nicht gut merken kannst, notiere dir am besten gleich Namen und Position.
- Sprich mit fester Stimme und vermeide Wörter, die einschränken, was du gesagt hast, wie z. B.: eigentlich, manchmal, etwas, ….
- Setze dich nicht als Erstes, sondern erst, wenn man dir anbietet, Platz zu nehmen, oder alle anderen sich setzen.
- Wenn du schon sitzt und eine weitere Person den Raum betritt, stehe zur Begrüßung wieder auf.

- Wenn dir auf eine Frage nicht direkt eine passende Antwort einfällt, denke lieber kurz nach, bevor du etwas sagst, was du vielleicht gar nicht meinst. Damit keine peinliche Stille entsteht, kannst du auch einfach kurz erklären: „Eine gute Frage – darüber muss ich kurz nachdenken". Schon diese Antwort gibt dir etwas Zeit. Außerdem wirkst du so überlegt und du verhinderst, dass du aus einem ersten Impuls heraus etwas sagst, was du vielleicht später bereust.
- Idealerweise wird aus dem Vorstellungsgespräch ein Dialog. Denke daran, dass es darum geht, dass sich beide Seiten kennenlernen. Stelle also auch selbst alle für dich wichtigen Fragen, damit du herausfinden kannst, ob die Position und die Firma auch zu dir passen – und nicht nur andersherum!

In der Regel startet jedes Vorstellungsgespräch mit etwas Smalltalk, um ungezwungen einen ersten Eindruck zu gewinnen, die Stimmung etwas aufzulockern und für ein erstes gegenseitiges Beschnuppern. Oft drehen sich die Themen dabei um die Anreise, ob man gut hergefunden hat, das Wetter etc. Du hast jetzt die Möglichkeit, die Weichen für die Emotionen im weiteren Gesprächsverlauf zu stellen. Achte daher darauf, dass das, was du sagst, positiv und unverfänglich ist.

Was sich immer anbietet, sind (ernst gemeinte) Komplimente – zum Beispiel zur Aussicht, der schönen Gartenanlage, dem neuen Anbau etc.

Wenn du aufgeregt bist, traue dich ruhig, das zu thematisieren. Beispielsweise: „Ich bin gerade etwas nervös. Es ist schon seit vielen Jahren mein Traum, bei Ihnen zu arbeiten – und jetzt bin ich hier und kann es kaum glauben". So wird aus einer Unsicherheit ein entwaffnender Icebreaker!

3.6.3 Schritt 3 – Fragen an dich im Vorstellungsgespräch:

In vielen Firmen werden in Vorstellungsgesprächen ähnliche Fragen gestellt. Es lohnt sich, dir im Vorfeld Gedanken darüber zu machen, was du auf diese Fragen antworten möchtest, um im Gespräch nicht überrumpelt zu werden und eventuell nicht die richtigen Worte zu finden.

Klassische Fragen in Vorstellungsgesprächen können sein:

- **„Stellen Sie sich bitte kurz einmal selbst vor."**
DER Klassiker, auf den du dich sehr gut vorbereiten kannst. Nenne hier deine relevanten beruflichen Stationen und alles, was wichtig ist, um zu verstehen, wie du tickst und warum du dich genau auf diese Stelle beworben hast. Wenn du z. B. seit deinem vierten Lebensjahr leidenschaftlich Tennis spielst, ist das eine relevante Information für einen Sportartikel-Hersteller, aber nicht unbedingt für eine Bank. Erkläre deine Beweggründe für oder gegen ein Studienfach oder bei einem Jobwechsel. Erzähle deine Geschichte so, dass sie schlüssig und verständlich ist und man sich später gut an dich erinnern kann. Was hier nicht hilfreich ist, ist ein pures Wiederholen der Fakten aus deinem Lebenslauf, denn diese sind bereits bekannt. Gib außerdem möglichst konkrete Beispiele zu bisherigen Leistungen. Wenn du dich z. B. im Projektmanagement bewirbst, kann ein relevantes Beispiel für einen Job als Berufseinsteiger sein, dass du den Abschlussball deiner Uni hauptverantwortlich organisiert hast. Das gleiche Beispiel kann auch für eine Bewerbung im Bereich Finanzen (etwas anders dargestellt) genutzt werden. Derselbe Abi-Ball könnte z. B. durch dein durchdachtes Finanzierungskonzept erstmalig mit einem positiven Budgetabschluss von + 5500 € umgesetzt worden sein. Bereite dich im Vorfeld gut auf dieses Thema vor, sodass du bei Bedarf verschiedene Beispiele nennen kannst.

Beispiel Selbstvorstellung
- **Über dich**: „Mein Name ist Markus Sommer, ich bin 22 und komme aus München."
- **Ausbildung und ggf. Schwerpunkte, wenn relevant**: „Ich habe in Hamburg und Madrid BWL mit Schwerpunkt Marketing studiert und das Studium 2020 mit dem Master abgeschlossen."
- **Erfahrungen/Kenntnisse**: „Während der zwei Jahre in Madrid habe ich in einem Reisebüro gearbeitet und so zusätzliches Wissen über die Tourismusbranche aufbauen können. Außerdem habe ich dort mein Spanisch vertieft und vier Semester Wirtschafts-Spanisch belegt."
- **Berufserfahrung/Motivation**: „Ich mag es sehr, mit Menschen unterschiedlichster Kulturen zu arbeiten. Daher habe ich mich als Einstiegsposition für ein Reisebüro in München entschieden. Nach drei

> Jahren, in denen ich wirklich viel gelernt habe, möchte ich mich nun gerne weiterentwickeln und als ich die Stelle als Projektmanager Spanien bei Ihnen gesehen habe, war mir klar, dass ich mich einfach bewerben muss."
> - **Zusammenfassung**: „Mein praktisches Wissen aus der Tourismus Branche, meine fließenden Spanischkenntnisse und meine Erfahrungen im Projektmanagement machen mich zum idealen Kandidaten für Ihre Stelle."

- **„Was zeichnet Sie aus? Warum sollten wir genau Sie einstellen? Was sind Ihre Stärken?"**
Auf diese Fragen ist es aus verschiedenen Gründen gut, eine klare Antwort zu haben. Wenn du weißt, wie du tickst und was deine Stärken sind, was dir wichtig ist, hast du ein viel besseres Gespür dafür, in welcher Umgebung du gerne arbeitest und welche Rahmenbedingungen für dich wichtig sind, damit du Bestleistungen erzielen kannst.

Auf der anderen Seite kannst du natürlich besser vermitteln, warum du ein Gewinn für die Firma bist, wenn deine Werte und Motivatoren sich mit der ausgeschriebenen Stelle decken. Sieh diese Fragen als Chance, deinen Gesprächspartner von dir und deinen Talenten zu überzeugen. Belege deine Aussagen mit Beispielen und verzichte auf Floskeln und allgemeine Eigenschaften. Auf diese Frage kannst (und solltest) du dich sehr gut vorbereiten, denn hier kannst du wirklich punkten.

- **„Was war Ihr größter beruflicher Fehler, der Ihnen unterlaufen ist?"**
Bei dieser Frage geht es darum herauszufinden, wie du mit schwierigen Situationen umgehst. Suche dir hier im Vorfeld ein konkretes Beispiel aus, das weder zu banal ist noch wirklich große negative Auswirkungen hatte. Fokussiere dich darauf, über die Learnings aus diesem Vorfall zu sprechen: Wie bist du vorgegangen? Welche Schritte hast du unternommen, um das Problem zu lösen? Warst du offen und transparent? Und wie konntest du sicherstellen, dass dieser Fehler nicht noch einmal auftrat?

- **„Auf welche beruflichen Leistungen sind Sie stolz und warum?"**
  Auch diese Frage ist eine Chance, über das zu sprechen, was dich auszeichnet und warum du gut zur ausgeschriebenen Stelle passt. Wenn in der neuen Position eine begeisternde Persönlichkeit gesucht wird, kannst du auch über das „wie" punkten, wenn du hier mit leuchtenden Augen und großer Begeisterung von bisherigen Erfolgen berichtest.
- **„Was würde Ihr letzter Arbeitgeber/Ihre Freunde/Eltern über Sie sagen, was Ihre größten Schwächen sind?"**
  Hier geht es um die Fähigkeit der Reflexion. Außerdem fällt es vielen Menschen leichter zu benennen, was an Kritik aus ihrem Umfeld kommt, als sich selbst Schwächen einzugestehen. Bitte auf diese Frage sehr überlegt antworten – „Schokolade" als seine Schwäche zu nennen, findet schon seit vielen Jahren niemand mehr lustig. „Perfektionismus" zeigt zwar, dass du dich auf das Spiel vorbereitet hast, nimmt dir aber niemand mehr ab, da dies vermutlich die meistgenutzte Antwort auf diese Frage ist.

Wie oben schon erwähnt, geht es im Vorstellungsgespräch darum, sich gegenseitig kennenzulernen. Zeige deinem Gegenüber nicht nur deine Stärken, sondern sei auch offen mit Themen, bei denen du noch Entwicklungspotenzial hast. Sprich zusätzlich über die von dir erarbeiteten Ansätze, wie du mit diesen Schwächen umgehst und was der Vorteil von dieser Eigenschaft ist.

Wenn du zum Beispiel jemand bist, der gerne die Führung übernimmt und vor Verantwortung nicht zurückscheut, kann es sein, dass andere dich als „bossy" empfinden. Dies ist (wie fast alle Eigenschaften) jedoch nichts per se Schlechtes. So ist es beispielsweise in vielen Positionen unabdingbar, Verantwortung zu übernehmen und die Courage zu haben, Entscheidungen zu treffen. Bei vielen Eigenschaften ist es auch so, dass sie oft zugleich eine vermeintliche Schwäche wie auch eine Stärke sind. Wichtig ist einfach, dass du dir bewusst bist, wie du auf andere Personen wirken kannst und wie du mit dieser Wirkung souverän umgehst.

Eine mögliche Antwort auf die Frage nach deiner Schwäche könnte also z. B. folgendermaßen lauten: „Mir wurde schon einmal gesagt, dass ich zu verbissen sei und das an mancher Stelle rücksichtslos wirken könnte. Ich selber würde mich allerdings als einen Menschen beschreiben, der werteorientiert und prinzipientreu ist. Da ich auf keinen Fall möchte, dass diese Eigenschaft meine Arbeitsbeziehungen negativ beeinflusst, habe ich mir angewöhnt, meine Kolleg:innen regelmäßig um ehrliches Feedback zu bitten."

Wichtig ist auch, sich vor Augen zu halten, dass Eigenschaften, die an der einen Stelle als Schwäche empfunden werden, in einer anderen Umgebung eine absolute Stärke sein können. An einem anderen Beispiel lässt sich dies einfach veranschaulichen: Eine Arbeitskollegin von mir ist beispielsweise extrem präzise mit Tendenz zu pingelig und überprüft gerne alles doppelt und am liebsten selbst. In der richtigen Position eingesetzt, sorgt dieser „vermeintliche Kontrollzwang" z. B. für eine fehlerfreie Buchhaltung oder ein absolut exaktes Lektorat.

- **„Wo sehen Sie sich selbst in drei Jahren?"**
  Vermutlich weißt du heute noch nicht, was genau du in drei Jahren machen möchtest – und das ist auch völlig in Ordnung so. Da „keine Ahnung" als Antwort jedoch vermutlich wenig Begeisterung bei deinem Gegenüber auslösen wird, lohnt es, sich eine etwas allgemeinere Antwort zurechtzulegen, die zeigt, dass du ambitioniert bist und Lust hast, dich innerhalb der Firma weiterzuentwickeln. Eine mögliche Antwort könnte also je nach Position in etwa so lauten: „Mein Ziel ist, in den kommenden Jahren alles über XYZ zu lernen. Ich möchte mich beruflich und persönlich weiterentwickeln. Die Position ist deswegen für mich so interessant, weil ich hier alles lernen kann, was es braucht, um eine gute Managerin bzw. ein toller Projektleiter etc. (die nächsthöhere Position im Unternehmen) zu werden."

- **„Welche Aufgaben machen Ihnen bei der Arbeit am meisten Freude? Was ist Ihnen bei der Arbeit besonders wichtig?"**
  Wenn dir geregelte Arbeitsabläufe und ein „nine to five"-Job wichtig sind und du dich in einer Eventagentur als Projektleiter:in bewirbst, werden deine Vorstellungen und der Job vermutlich nicht gut zusammenpassen. Sei hier also unbedingt ehrlich zu dir selbst und vermeide es, jemandem nach dem Mund zu reden, denn sonst bekommst du am Ende einen Job, den du gar nicht haben möchtest. Ein Teamplayer, der

gerne anpackt und der gerne in einem agilen Umfeld arbeitet, könnte z. B. Folgendes antworten: „Ich übernehme gerne Verantwortung und arbeite mich schnell in komplexe Themen ein. Das Lösen von Problemen macht mir Spaß und ich probiere gerne Neues aus. Da ich davon überzeugt bin, dass man im Team mehr erreicht als allein, packe ich gerne mit an, wenn jemand Hilfe benötigt. Es macht mich stolz, gemeinsam tolle Projekte umzusetzen und am Ende zu sehen, was man zusammen erreichen kann."

- **„Beschreiben Sie sich in drei Worten"**
  Suche dir hier drei deiner Stärken aus, die im besten Fall mit der ausgeschriebenen Position zusammenpassen und gib jeweils ein kurzes Beispiel dazu.
- **„Wieso haben Sie Ihren letzten Job gekündigt? Warum suchen Sie einen neuen Job?"**
  Auch wenn jede Position negative Seiten hat, ist jetzt nicht der richtige Moment, dich über deine letzte Führungskraft auszulassen. Jede:r arbeitet lieber mit positiven Menschen, die diskret und unkompliziert sind, als mit Nörgler:innen, die bereits vor dem Eintritt ins Team eine negative Stimmung verbreiten. Fokussiere dich daher auf die positiven Seiten und nutze die Chance, über dich und deine Ambitionen zu sprechen.

  Beispielantwort: „Ich bin nun drei Jahre bei Firma XY und habe wirklich viel gelernt. Nun möchte ich mich gerne weiterentwickeln und meine Kenntnisse in einem internationalen Umfeld einbringen. Deswegen ist die ausgeschriebene Position für mich so reizvoll."

Am besten gehst du die Fragen einmal mit einem Freund oder einer Freundin in Ruhe durch. Wenn du jemanden in der Firma kennst, bei der du dich bewirbst, ist es hilfreich im Vorfeld zu erfragen, wie die Gespräche dort normalerweise ablaufen und welche Fragen oft gestellt werden.

3.6.4 Schritt 4 – Was du von der Firma wissen möchtest

Damit du dir ein besseres Bild von der Position und deinem potenziellen zukünftigen Arbeitgeber machen kannst, solltest du unbedingt alle Fragen stellen, die dir helfen, die Arbeit, das Umfeld etc. besser einschätzen zu können. Auf diesen Teil des Gesprächs solltest du dich sehr gut vorbereiten, denn zum einen kannst du nun wirkliches Interesse an der Position bekunden, zum anderen hast du jetzt die Möglichkeit, herauszufinden, ob die Position und die Firma wirklich zu dir passen.

Mögliche Fragen, die du im ersten Vorstellungsgespräch stellen kannst:

- Was genau erwarten Sie von der Person, die diese Stelle übernehmen wird?
- Wie sieht ein typischer Arbeitstag aus?
- Sie sprachen vorhin von verschiedenen Entwicklungsmöglichkeiten – könnten Sie hier etwas mehr dazu sagen?
- Wie würden Sie die Unternehmenskultur beschreiben?
- Warum ist die Stelle derzeit nicht besetzt?
- Was sind die größten Herausforderungen der ersten Monate?
- Wie groß ist die Abteilung und wie setzt sie sich zusammen?
- Wie ist die Abteilung im Unternehmen aufgehangen bzw. im Organigramm verortet?
- Wer ist die direkte Führungskraft für diese Position? (Sofern das nicht aus dem Gespräch klar hervorgeht)
- Was sind die größten Herausforderungen, vor denen die Abteilung gerade steht?
- Wie läuft die Einarbeitung genau ab?
- Welche Entwicklungswege gibt es?
- Was für zusätzliche Benefits gibt es?
- Gibt es noch etwas Wichtiges, das nicht in der Stellenanzeige steht?
- Mit wem darf ich bei Rückfragen in Kontakt bleiben?
- Wie geht es jetzt weiter? Was sind die nächsten Schritte im Bewerbungsprozess?

Notiere dir am besten alle Fragen, die du stellen möchtest. Nur so kannst du sicherstellen, dass du am Ende nicht vergisst, etwas Wichtiges zu erfragen.

3.6.5 Schritt 5 – Abschied und nächste Schritte

Bedanke dich bei der Verabschiedung für den Termin und scheue dich nicht, direkt zu sagen, dass du begeistert bist, wenn dir der Job gefällt.

Am Tag nach dem Gespräch empfehle ich, eine Mail an deine potenzielle Führungskraft (sofern sie im Gespräch dabei war) und an die Person, mit der du im Bewerbungsprozess zu tun hattest, zu schicken. Bedanke dich und bekunde nochmals dein Interesse. Wenn dir noch ein Punkt einfällt, der das Gespräch ergänzt – wie beispielsweise eine Idee für eine Problemstellung, über die ihr gesprochen habt, dann schicke deine Ideen dazu direkt mit. Das zeigt, dass dich das Thema wirklich interessiert und dir daran liegt, Mehrwert für die Firma zu generieren.

3.7 Interview mit Sven Oliver Sonnenschein, Philip Morris International

Sven Oliver Sonnenschein ist Senior People and Culture Manager bei Philipp Morris International (www.pmi.com).

> Welche Merkmale und Eigenschaften zeichnen deiner Meinung nach die Generation Z aus?

> Ich persönlich halte nicht viel von diesen festen Generationsbegriffen wie Gen Z, Golf, Millennials und so weiter. Was meiner Meinung nach wichtiger ist, ist, dass jede Generation ihre eigenen Anliegen hat, für die sie kämpfen möchte. Gesellschaftliche Umstände und Herausforderungen beeinflussen, wie sich eine Generation verhält. Zum Beispiel die Nachkriegsgeneration hatte eine ganz andere Perspektive als die heutige Generation, die mit dem demografischen Wandel und Vollbeschäftigung konfrontiert ist.

In diesem Sinne können die bekannten Eigenschaften sicherlich der Generation Z zugeordnet werden. In einer Welt, die von Unsicherheit, Kriegen, dem Klimawandel, Inflation, künstlicher Intelligenz und einer alternden Bevölkerung geprägt ist, könnte es tatsächlich den Anschein haben, dass die Generation Z so ist, wie sie oft beschrieben wird. Allerdings glaube ich fest daran, dass sich diese Attribute schnell ändern können, je nach den sich ändernden Rahmenbedingungen wie Zuwanderung und wirtschaftlichem Wandel.

Wie hat sich die Arbeitswelt durch das Einströmen der Generation Z in den letzten Jahren verändert?

Der „Kampf um Talente" ist vorbei – die Talente haben gewonnen.
Der Mangel an gut ausgebildeten Arbeitskräften hat den Wettbewerbsdruck auf Arbeitgeber erhöht. Sie sind nun gezwungen, mehr Anstrengungen in die Rekrutierung zu stecken, speziell zielgruppenspezifische Kanäle zu nutzen und attraktivere Angebote zu machen, wie beispielsweise Unterstützung beim Führerscheinerwerb oder Wechselprämien. Auch die Mitarbeiterbindung stellt für viele Unternehmen eine neue Herausforderung dar – obwohl das bei uns weniger ein Problem ist.
Firmen werden verstärkt dazu gedrängt, bestehende Arbeitsweisen und Prozesse zu überdenken und inklusiver und partizipativer zu werden und zeitgemäße Benefits anzubieten. Wenn heute das Thema Nummer eins das Job-Rad ist, können es morgen schon das Deutschlandticket oder Equal Pay, soziale Verantwortung oder Nachhaltigkeit oder alles zusammen sein.
Es ergeben sich damit neue Spannungsfelder, da auf der einen Seite die Auswahlmöglichkeiten größer werden und auf der anderen Seite die Mitarbeiterorientierung und -zentrierung stark wächst. Es bräuchte mehr Mentoren, Karriereberatung und Unterstützung.
Hier entsteht oft eine Kluft zwischen den Generationen, die nicht immer hilfreich ist. Empathie und das Streben danach, anderen zum Erfolg zu verhelfen, werden für den Erfolg von Unternehmen immer entscheidender, Stichwort: Aufeinander zugehen.
Ein vielleicht überraschender Aspekt ist, dass viele traditionelle Werte, wie das Streben nach einem Auto, Geld oder Titeln immer noch existieren, oft aufgrund des Wunsches nach Sicherheit, obwohl der Generation im Allgemeinen andere Attribute zugeordnet werden.

Welche Rolle spielen Technologie und soziale Medien deiner Ansicht nach im Rekrutierungsprozess für die Generation Z?

Die Rolle von Technologie und sozialen Medien im Leben der Generation Z ist immens, weil sie einfach dazugehören. Für die Bewerbung auf Einstiegspositionen reicht heute manchmal schon ein einminütiges Video, das auf dem Handy aufgenommen wurde. Bei Managementpositionen ist es vielleicht noch etwas traditioneller.

Was sind aus deiner Sicht die größten Stärken der Generation Z im Berufsleben?

Die größten Stärken der Generation Z sind meiner Meinung nach ihr digitales Mindset, die Fähigkeit, etablierte Dinge in Frage zu stellen, ihre Flexibilität, die Bereitschaft, zu lernen, ihr Gemeinschaftssinn und die Fähigkeit, frische Perspektiven einzubringen.

Welche Tipps hast du für Bewerber der Generation Z hinsichtlich ihrer Bewerbungsunterlagen, für das Vorstellungsgespräch und die erste Zeit im Job?

Meine Tipps sind: Seid authentisch und bleibt euch selbst treu. Bereitet euch gut vor, zeigt, was ihr zum Unternehmen beitragen könnt, welche konkreten Erfahrungen ihr bereits gemacht habt und wie ihr arbeitet. Es ist auch wichtig, klarzustellen, was ihr lernen und wie ihr euch weiterentwickeln möchtet.

Wie hat sich die Art der Vorstellungsgespräche in den letzten Jahren verändert, um der Generation Z gerecht zu werden?

Statt traditioneller Interviews steht oft ein gemeinsames Kennenlernen im Vordergrund, bei dem geprüft wird, ob beide Seiten zueinander passen. Oft werden diese Treffen von einem „social warm up" begleitet, abhängig von der Position und Erfahrung des Bewerbers. Business-Netzwerke wie LinkedIn werden immer wichtiger und Empfehlungen spielen eine größere Rolle. Vorstellungsgespräche sind über die Jahre immer wohlwollender geworden.

Welche Soft Skills sind deiner Meinung nach für die Generation Z am wichtigsten, um erfolgreich in Teams zu arbeiten?

Teamgeist, ein „Winning Mindset", Zusammenarbeit und Gemeinschaftssinn.

3.8 Assessment-Center und nächste Schritte

Wie es nach dem Vorstellungsgespräch weitergeht und ob es zusätzliche Auswahlverfahren gibt, ist sehr individuell und hängt vom jeweiligen Unternehmen, der Branche und der zu besetzenden Position ab. In Zeiten des Fachkräftemangels reduzieren laut einem Bericht des Handelsblatts jedoch viele Unternehmen den Umfang ihrer Auswahlprozesse und passen die Aufgabenstellungen mittlerweile konkreter und individueller an die Stellenbeschreibung an [6]. Gruppenaufgaben und Stress-Tests sind laut dem Artikel deutlich rückläufig und am meisten kommen Interviews (86 %), Zweiergespräche (83 %) und Präsentationen (78 %) zum Einsatz.

Assessment-Center ermöglichen es Unternehmen, nicht nur fachliche Qualifikationen zu beurteilen, sondern auch soziale Kompetenzen, Teamfähigkeit, Führungspotenzial oder die Fähigkeit zur Problemlösung. In der Regel bestehen klassische Assessment-Center aus einer Kombination von verschiedenen Übungen wie Präsentationen, Gruppendiskussionen, Plan- beziehungsweise Rollenspielen und Auswahlgesprächen und dauern zwischen einem halben und einem Tag (selten mehr). Die Teilnehmerzahl schwankt zwischen zwei und bis zu 20 Bewerber:innen, die häufig in Gruppen aufgeteilt werden.

Sollte in deinem Fall ein Assessment-Center geplant sein, erhältst du meist mit dem Einladungsschreiben zusätzliche Informationen. Dies hilft dir, mögliche Aufgaben schon etwas besser zu verstehen und vorzubereiten. Eventuell findest du auch jemanden in deinem Netzwerk, der dir Tipps zu den zu erwartenden Aufgaben geben kann. Bei größeren Unternehmen sind oft Erfahrungsberichte von ehemaligen Bewerber:innen im Internet zu finden.

Da die Gestaltung und Durchführung von Auswahltagen sehr individuell sind, ist es kaum möglich, pauschale Aussagen über Inhalte und genaue Übungen zu machen. Bei den meisten Übungen geht es jedoch nicht um eine richtige oder falsche Lösung, sondern um deine Herangehensweise an die Aufgabe und deine gewählten Lösungsansätze.

Für die meisten Positionen werden faire Teamplayer gesucht, die zwar einen klaren Standpunkt haben, aber sich nicht auf Kosten anderer einen Vorteil verschaffen. Handle daher nicht als Einzelkämpfer:in und sprich nicht schlecht über deine Mitbewerber:innen. Mache dir zudem bewusst, dass das gesamte Assessment-Center die Prüfung ist, nicht nur die Übungen selbst. Das reicht von der Begrüßung über dein Verhalten in den Pausen bis zu den Gesprächsthemen beim Abendessen.

Seit Corona werden Online-Assessment-Center immer üblicher. Die Inhalte unterscheiden sich nicht grundsätzlich von Präsenzterminen. Allerdings sind Online-Assessment-Center in der Regel deutlich kürzer (60 bis 180 min) und oft nicht an einen fixen Termin gebunden. Stattdessen gibt es eine Deadline, bis wann die Aufgaben bearbeitet sein müssen.

Das Assessment Center ist ein spannender und oft neuer Teil für viele Bewerber:innen. Lass dich nicht verunsichern, wenn es dein erstes Mal ist. Den meisten deiner Mitbewerber:innen geht es ganz genauso wie dir. Bereite dich gut vor, sei selbstbewusst und sieh es als weiteren Schritt auf deinem Weg zu deinem Traumjob – bei dem du noch einmal die Möglichkeit hast zu beurteilen, ob du und das Unternehmen zueinander passen.

Einige Unternehmen bieten auch einen Probearbeitstag als freiwilligen oder verpflichtenden Schritt im Auswahlverfahren an. Hierbei hast du die Möglichkeit, die Firma, das Team und deine Arbeitsinhalte noch besser kennenzulernen. Oftmals werden an diesem Tag konkrete Aufgaben gestellt, die du in einer vorgegebenen Zeitspanne bearbeiten und dann präsentieren sollst. Ein Probearbeitstag ist eine tolle Möglichkeit herauszufinden, wie das Team und die Atmosphäre im Unternehmen wirklich sind. Diese Chance solltest du unbedingt nutzen, wenn sie dir angeboten wird!

In der Regel erfährst du wenige Tage nach dem Assessment-Center oder dem Probearbeitstag, wie es weitergeht. Solltest du eine Zusage erhalten, ist der nächste Schritt meist die finale Gehaltsverhandlung und anschließend die Vertragsunterzeichnung.

3.9 Wie du bekommst, was du verdienst – Das Gehalt

Oft wird im ersten Gespräch noch nicht über das Gehalt gesprochen. Aber egal, in welchem Schritt im Prozess dieses Thema auf den Tisch kommt: Über einige Punkte solltest du dir schon vorab Gedanken machen:

- **Dein Wunschgehalt:** Überlege dir schon im Vorfeld, was du verdienen möchtest. Informiere dich, was ein realistisches Gehalt in dieser Firma, dieser Branche, dieser Position und mit deiner Berufserfahrung ist. In der Regel werden Gehälter als Brutto-Jahresgehälter verhandelt, da das Nettogehalt von vielen verschiedenen Faktoren wie Steuerklasse, Anzahl der Kinder, Kirchensteuer etc. abhängig ist.
- **Dein Wert:** Stelle dich darauf ein zu begründen, was dein (Mehr-)Wert für die Firma ist. Dies ist das Gewicht, das du in die Waagschale wirfst. Du kannst davon ausgehen, dass es fast immer einen Verhandlungsspielraum nach oben gibt. Dein Einstiegsgehalt wird die Basis für jede weitere Gehaltsverhandlung innerhalb der gleichen Firma sein. Es lohnt sich, hier

in die Verhandlung zu gehen und sich nicht mit dem ersten Angebot zufrieden zu geben.
- Neben dem Einstiegsgehalt gilt es vor Vertragsunterzeichnung weitere Themen zu klären: z. B. Aufstiegschancen generell, Gehaltserhöhung nach der Probezeit und Zusatzleistungen. Unter **Zusatzleistungen** fallen z. B. folgende Möglichkeiten:

  – 13. Gehalt/Urlaubsgeld/erfolgsabhängiger Bonus
  – Anzahl Urlaubstage
  – Ob Überstunden bezahlt werden
  – Zuschuss für öffentliche Verkehrsmittel
  – Andere Vergünstigungen (Job-Rad, Firmenfitness etc.)
  – Betriebliche Altersvorsorge (auch über das gesetzliche Maß hinaus)
  – Zusatzversicherungen
  – Firmenwagen/Firmenhandy
  – Aus- und Weiterbildungen (Übernahme der Kosten und Freistellung für die Weiterbildungszeiten)
  – Monetäre Unterstützung oder zeitliche Flexibilität bei der Kinderbetreuung oder Pflege von Familienangehörigen
  – Einige Firmen haben auch sehr individuelle Angebote wie Einkaufsgutscheine, Rabatte bei lokalen Partnerfirmen, Arbeitgeberdarlehen oder Ähnliches. Nachfragen lohnt sich auf jeden Fall!

Du solltest vor dem Gespräch eine klare Vorstellung davon haben, mit welchem Gehalt du zufrieden bist, wie du argumentativ begründest, dass du das Gehalt auch verdienst, in etwa wissen, was in vergleichbaren Positionen gezahlt wird und wie du mit möglichen Einwänden umgehst.

Mache bei der Verhandlung zum Einstiegsgehalt nicht den ersten Schritt. Normalerweise wird das Thema im Vorstellungsgespräch angeschnitten. Manchmal gibt es auch ein zweites Gespräch, in dem dann die vertraglichen Eckdaten besprochen werden. Wenn du nach deinen Vorstellungen gefragt wirst, empfehle ich eine Antwort, die den Ball zurückspielt, z. B. so: „Ich habe mich natürlich nach den branchenüblichen Gehältern erkundigt. Sie kennen ja nun meine Qualifikationen und Erfahrungen. Bitte sagen Sie mir doch, in welcher Range sich das Gehalt für diese Position bei Ihnen bewegt".

Am leichtesten tust du dir, wenn du an das Thema herangehst wie an ein Spiel. Es kann sein, dass das Unternehmen dir einen höheren Betrag anbietet, als du dich getraut hättest zu fordern – in diesem Fall: Herzlichen Glückwunsch!

Wenn dir weniger angeboten wird, als du dir vorgestellt hast, ist es nun an dir, deine Vorstellungen zu nennen und zu argumentieren. Wie gesagt, gibt es eigentlich immer einen Verhandlungsspielraum. Wenn ihr an diesem Punkt angekommen seid, hat sich in der Regel schon jemand dafür entschieden, dich einzustellen – oder ist zumindest stark daran interessiert. Das ist eine sehr gute Ausgangsposition. Nun kannst du also entweder fragen, wie es sich mit Zusatzleistungen verhält, oder versuchen, ein höheres Gehalt zu verhandeln.

Sollte das Angebot deutlich niedriger sein als erwartet, fang nicht an zu jammern oder zu sagen, wie hoch deine Miete und deine Lebenshaltungskosten sind. Zeige stattdessen auf, welchen Mehrwert du der Firma bieten kannst. Denke auch daran, dass Geld nicht alles ist. Natürlich musst du deine Miete bezahlen, aber manchmal lohnt es sich auch, gerade Einstiegspositionen als weiteren Teil der Ausbildung anzusehen. So kann zusätzlich zum Gehalt sehr wichtig sein, was du in der Firma lernst, oder auch, wie gut sich die Station in deinem Lebenslauf macht. Wichtig: Es ist deine freie Entscheidung und in keinem Fall solltest du dich ausbeuten lassen!

Entweder wirst du im nächsten Schritt in einer Mail alle Informationen zusammengefasst bekommen oder direkt einen Vertragsentwurf erhalten. Lies dir die Inhalte in jedem Fall sehr sorgfältig durch und lass sie gegebenenfalls noch von jemandem prüfen, der sich mit Arbeitsverträgen auskennt. Du solltest nur unterschreiben, wenn du wirklich alles verstanden hast. Im Zweifel frage einfach bei der Personalabteilung nach. Das ist ihre Aufgabe und sie sind Fragen zu diesen Themen gewohnt.

3.10 Umgang mit Absagen – Wenn du den Job nicht bekommen hast

Auch mit der besten Vorbereitung kann es passieren, dass du den Job nicht erhältst. Dafür kann es unzählige Gründe geben. Zum Beispiel, hat einfach die Chemie nicht gestimmt oder es gibt eine andere Person im

Auswahlprozess, die für die Position über die passenderen Qualifikationen verfügt. Manchmal ist auch zu Beginn schon klar, dass eine interne Person den Job erhalten soll, aber man will sich noch anschauen, ob es auf dem Markt nicht doch jemanden „Besseres" gibt.

Wenn du eine Absage erhältst, nimm es sportlich und versuche, so viel wie möglich für dich an Informationen herauszuziehen. Oftmals wird nach einem persönlichen Gespräch auch persönlich abgesagt. Nutze diese Chance und erfrage, woran es gelegen hat und was du das nächste Mal besser machen kannst. Solltest du eine Absage per Mail erhalten, empfehle ich dir auch, zum Hörer zu greifen und nach den Gründen zu fragen. Manchmal ist der Grund sehr profan und mit einer kleinen Änderung kann man große Erfolge erzielen.

Wenn du generelles Interesse an anderen Positionen im Unternehmen bekundest, kann es sein, dass das „Nein" nicht endgültig bleibt, denn du hast die Chance, im Telefonat noch einmal deine Begeisterung für die Firma zu bekunden und in guter Erinnerung zu bleiben.

So oder so empfehle ich zusätzlich eine kleine Selbstanalyse nach jedem Gespräch:

- Was war gut, was kannst du nächstes Mal noch besser machen?
- Wo hast du an den Reaktionen gespürt, dass deine Antwort gut ankam?
- Wo hat sich für dich etwas komisch angefühlt? Warum?
- Was würdest du das nächste Mal anders machen?

Jede Absage ist eine Chance, besser zu werden. Mit jedem Gespräch gewinnst du an Routine und Erfahrung und es wird dir immer leichter fallen, dich auf dein Gegenüber einzustellen. Ein weiterer Vorteil davon, mehrere Gespräche zu führen, ist es, dass du immer besser vergleichen kannst und ein Gefühl dafür entwickelst, in welchem Umfeld du dich wohl fühlst und wo nicht.

Ganz wichtig ist auch, dir vor Augen zu halten, dass eine Absage nichts mit dir als Person zu tun hat. Die Message einer Absage ist nicht: „Du bist nicht gut", sondern eher: „Jemand anders hat noch besser zu den Anforderungen der ausgeschriebenen Stelle gepasst".

Deswegen ist es dann auch gut, wenn es nicht zu einer Zusammenarbeit kommt. What's meant to be will be! Que sera, sera. Es wird so sein, wie es sein soll. Und wenn es dieses Mal nicht gepasst hat, dann ist es auch gut so. Dann war es noch nicht der passende Job für dich.

3.11 Die Zusage – Wenn du den Job bekommen hast

Du hast die Zusage erhalten? Glückwunsch! Je nachdem, wie viel Zeit noch bis zu deinem Start ist, hast du nun die Möglichkeit, die Weichen für einen guten Einstieg zu stellen:

- Setze dich mit deinem künftigen Arbeitgeber auseinander. Einiges wirst du bereits für dein Bewerbungsgespräch herausgefunden haben. Nun wird es Zeit, tiefer einzusteigen. Führe noch weitere Recherchen durch, um noch mehr über deinen zukünftigen Arbeitgeber zu erfahren, von der Branchenzeitschrift über Pressemitteilungen und die Social-Media-Kanäle. Finde heraus, wie die Firma tickt, was dort gerade wichtig ist, wo die Herausforderungen und die Prioritäten liegen.
- Frage deine künftige Führungskraft nach Unterlagen zur Vorbereitung (Dokumente, Präsentationen, das aktuelle Organigramm, Übergabeordner etc.). So kannst du bereits erste Pluspunkte sammeln, bevor du überhaupt angefangen hast.
- Frage nach wichtigen Terminen oder Konferenzen in der kommenden Zeit bis zu deinem offiziellen Start. Wenn du persönlich teilnehmen kannst: Perfekt. Ansonsten ist es mittlerweile fast immer möglich, sich online zu Meetings dazuzuschalten. Viele Konferenzen bieten heutzutage auch Livestreams an.

Defizite abbauen: Du hast noch nicht alle Kriterien aus der Stellenausschreibung erfüllt und es ist noch etwas Zeit bis zum Start deiner neuen Arbeitsstelle? Diese Zeit kannst du sinnvoll nutzen, um zum Beispiel Sprachdefizite durch eine Sprachreise abzubauen oder einen Kurs in einem Bereich zu belegen, den du noch nicht ausreichend beherrschst.

Alternativ kann es auch hilfreich sein, YouTube-Tutorials anzusehen, ein Fachbuch zu lesen, Podcasts oder Hörbücher zu hören oder im Internet zu recherchieren.

3.12 Interview mit Antonia Müller, Avantgarde

Antonia Müller ist Head of HR DACH bei Avantgarde (www.avantgarde.net/de).

Welche Qualitäten suchst du bei Bewerber:innen aus der Generation Z?

Da junge Jobsuchende oft noch nicht so viel Berufserfahrung haben, liegt der Fokus noch mehr auf dem Mindset als auf Erfahrung. Wir schätzen Eigenschaften wie Neugierde und Mut, den Drang zu lernen, die Fähigkeit, sich in neue Themen einzuarbeiten und die Offenheit für Feedback – in beide Richtungen. Teamarbeit und Flexibilität sind ebenfalls Schlüsselqualitäten. Wir schauen uns auch gerne an, was Interessen außerhalb der Schule oder Uni sind, wie etwa Teamsport oder Projektarbeiten. Das gibt Aufschluss über Qualitäten wie Kreativität und Teamfähigkeit. Ich mag es, wenn Bewerber:innen flexibel sind, gute Kommunikationsfähigkeiten und die Bereitschaft zu lernen haben.

Welche Rolle spielen Softskills im Auswahlprozess?

Softskills spielen eine entscheidende Rolle! Ich lege großen Wert auf Kommunikationsfähigkeiten und die zwischenmenschlichen Fähigkeiten, besonders bei jungen Bewerber:innen. Ich greife gerne zum Telefon, um persönliche Gespräche zu führen. Das zeigt mir, wie stark sie in der zwischenmenschlichen Kommunikation sind, da heutzutage und besonders in unserer Branche die Beziehungsebene immer wichtiger wird. Lösungsorientierung ist eine weitere wichtige Eigenschaft, die ich suche. Es ist großartig, wenn Bewerber:innen Lösungen präsentieren können, nicht nur Probleme aufzeigen. Und was ich besonders schätze, ist der Wille zur Mitgestaltung, dass sie darüber nachdenken, welchen Beitrag sie leisten können.

> **Welche Tipps hast du für Bewerber:innen der Generation Z hinsichtlich ihrer Bewerbungsunterlagen und welche Tipps für das Vorstellungsgespräch?**

Bei den Bewerbungsunterlagen lege ich großen Wert auf Fehlerfreiheit. Dies zeigt, dass sich jemand Gedanken gemacht hat, und hebt die Qualität der Arbeit hervor. Eine Executive Summary am Anfang der Unterlagen finde ich hilfreich, da sie eine klare Vorstellung von den eigenen Stärken und Fähigkeiten vermittelt. Ich frage oft: Was machst du gerne und was kannst du gut? Das können auch Bereiche außerhalb des Berufs sein, aber es zeigt, dass sich jemand mit seinen Stärken auseinandersetzt und bereit ist, zu lernen.

Massenbewerbungen mit Standardtexten mag ich überhaupt nicht. Es ist wichtig, die Bewerbung an das Unternehmen und die spezifische Stelle anzupassen. Die Recherche über das Unternehmen und das Ansprechen des richtigen Ansprechpartners sind das A und O. Auch mag ich zum Beispiel, wenn jemand sich telefonisch meldet und vorab schon Fragen stellt. Das ist ein Zeichen von Interesse für mich.

Im Vorstellungsgespräch ist eine gute Vorbereitung entscheidend. Die Bewerber:innen sollten sich über ihre Erfolge, Stärken und Fähigkeiten im Klaren sein und dies überzeugend vermitteln können. Die STAR-Methode (Situation, Task, Action, Result) ist eine großartige Möglichkeit, dies zu tun. Dabei wird die Herausforderung aufgezeigt, wie man mit dieser Herausforderung umgegangen ist, und was das Ergebnis war. Selbst wenn das bei Berufsanfängern Beispiele aus dem Sportverein oder der Abi-Zeitschrift sind. Das zeigt, dass jemand analytisch ist, proaktiv vorgeht, seine Stärken kennt und darauf aus ist, Mehrwert zu schaffen. Und vor allem sollten sie auch darstellen können, wie die eigenen Fähigkeiten zum Unternehmen und der Stelle matchen!

Zusätzlich ist es wichtig, Fragen über die Firma und die zukünftige Rolle zu stellen, nicht nur über Arbeitsbedingungen. Wie sieht die Einarbeitung aus? Welche Entwicklungswege gibt es? Wer sind die Ansprechpartner? Diese Fragen zeigen nicht nur Interesse, sondern bieten beiden Seiten auch eine solide Grundlage für die Entscheidung, ob das Unternehmen und die Rolle passen.

Gibt es spezifische Punkte in einem Lebenslauf oder Anschreiben, auf die du besonders achtest?

Wenn es um konkrete Stellen geht, ist die Passung entscheidend – dann schaue ich mir natürlich verstärkt die bisherige Erfahrung an. Wenn jemand keine berufliche Erfahrung hat, ist es wichtig zu verstehen, was ihn oder sie motiviert. Das sollte klar aus dem Anschreiben hervorgehen.

Besonders bei jüngeren Bewerber:innen mit begrenztem beruflichem Hintergrund ist Authentizität von großer Bedeutung. Es ist entscheidend, dass Überzeugungen und Leidenschaften authentisch vermittelt werden. Ich bekomme selbst eine Gänsehaut, wenn ich spüre, dass jemand wirklich für die ausgeschriebene Position brennt.

Ein roter Faden im Lebenslauf, Stimmigkeit und eine kurze Executive Summary auf dem Lebenslauf, die Stärken und Fähigkeiten hervorheben, sind ebenfalls wichtige Punkte, auf die ich achte.

Wie hat sich die Art der Vorstellungsgespräche in den letzten Jahren verändert, um der Generation Z gerecht zu werden?

Natürlich finden Vorstellungsgespräche heutzutage vermehrt online statt. Aber das betrifft nicht nur die Generation Z, sondern ist ein allgemeiner Trend. Was sich jedoch wirklich verändert hat, ist die Art und Weise, wie wir die Gespräche führen. Es ist mehr als nur eine Vorstellung des Unternehmens – mehr eine Präsentation als attraktiver Arbeitgeber. Wir geben konkrete Beispiele von erfolgreichen Karrieren bei uns im Unternehmen und sprechen verstärkt Themen wie Werte und Diversity an.

Persönlich glaube ich, dass der Lebenslauf an Bedeutung verliert. Er ist wichtig, keine Frage, aber der Mensch dahinter ist noch wichtiger. Ich sage immer „Weg mit dem CV, her mit dem Menschen". Weil ich finde: Du kannst fast alles lernen. Wenn du dich wohlfühlst und deine Stärken einsetzen kannst, dann gehst du ja auch viel lieber aus deiner Komfortzone raus.

Insgesamt denke ich, dass wir in diesem Bereich gut aufgestellt sind. Wir haben ein großartiges Team, das viel Erfahrung und Leidenschaft mitbringt. Aber ehrlich gesagt ist dies in deutschen Unternehmen noch nicht der Standard. Hoffentlich ändert sich das bald.

Fazit für die Praxis

- Grundsätzlich haben die meisten Berufe das Potenzial, dich glücklich zu machen, wenn einige grundlegende Faktoren erfüllt sind. Unternehmen aus den Bereichen Nachhaltigkeit, Non-Profit, Bildung, Gesundheit, Umwelt- und Naturschutz, Forschung und Entwicklung sowie Kultur bieten oftmals das Potenzial, noch mehr positiven Wandel zu bewirken.
- Um herauszufinden, ob eine Firma wirklich zu deinen Werten passt, hilft es, im Internet zu recherchieren, sich Bewertungsplattformen anzusehen, sich im eigenen Netzwerk zu erkundigen, im Vorstellungsgespräch Fragen zu stellen oder ein Probearbeitstag oder eine Hospitation im Unternehmen zu machen.
- Deine Bewerbungsunterlagen sind dein Ticket ins Unternehmen. Sie sind deine Visitenkarte und sollten fehlerfrei und ansprechend gestaltet sein.
- Das Vorstellungsgespräch ist ein gegenseitiges Kennenlernen! Es geht darum, dass beide Seiten herausfinden, ob sie zueinander passen. Bereite dich gut vor und trete selbstbewusst auf. Vergiss nicht, deine eigenen Fragen zu stellen.
- Wenn du den Job bekommen hast, geht es in der Gehaltsverhandlung darum, zu bekommen, was du verdienst. Stelle deinen Mehrwert in den Fokus und checke vorab, was in ähnlichen Positionen bei vergleichbaren Firmen gezahlt wird. Zusatzleistungen können eine interessante Alternative zu der rein monetären Vergütung sein.

Literatur

1. Schnell T (2020) Psychologie des Lebenssinns. Springer, Heidelberg
2. Bergmann F (2017) Neue Arbeit, neue Kultur. Arbor Verlag, Freiamt
3. Stettner A (2023) „Zur vollen Zufriedenheit" ist nur Note 3: Was Formulierungen im Arbeitszeugnis bedeuten. https://www.merkur.de/leben/karriere/bewerbungstipps-sti72406/arbeitszeugnis-formulierungen-noten-bewertung-karriere-arbeitgeber-or-zr-10352892.html. Zugegriffen am 22.06.2024

4. Reichert-Hafemeister S (2016) Tipps zur Bindungswirkung eines Zwischenzeugnisses und zum Widerruf eines Zeugnisses. https://www.anwalt.de/rechtstipps/tipps-zur-bindungswirkung-eines-zwischenzeugnisses-und-zum-widerruf-eines-zeugnisses_087702.html. Zugegriffen am 22.06.2024
5. Indeed (2023) Was ist ein Referenzschreiben und warum wertet es Ihre Bewerbung auf? https://de.indeed.com/karriere-guide/bewerbung/referenzschreiben. Zugegriffen am 22.06.2024
6. Steinharter H (2019) Mehr Rücksicht auf Bewerber: Das Konzept „Assessment Center" gerät auf den Prüfstand. https://www.handelsblatt.com/karriere/karriere-mehr-ruecksicht-auf-bewerber-das-konzept-assessment-center-geraet-auf-den-pruefstand/25217712.html. Zugegriffen am 30.10.2023

4

Dein Start im neuen Job

Ein neuer Job, ein neuer Anfang! Egal, ob du kurz vor deinem ersten Job stehst oder ein Jobwechsel vor dir liegt – ein neues Kapitel beginnt bald für dich.

Die ersten Tage und Wochen sind von besonderer Bedeutung, da sie den Grundstein für die kommenden Monate und Jahre im Unternehmen legen. Denn es gibt keine zweite Chance für den ersten Eindruck. In diesem Kapitel liegt der Fokus darauf, wie dir diese ersten Schritte mit Leichtigkeit gelingen und du mögliche Herausforderungen mit Selbstvertrauen und Geschick meisterst.

Erfolgreiches Arbeiten erfordert heutzutage nicht nur Wissen darüber, was inhaltlich in deinem Job gefordert ist. Durch Corona hat sich die Arbeitswelt in kürzester Zeit drastisch geändert. Flexiblere Arbeitszeiten und remote work sind mittlerweile in fast allen Unternehmen zur Normalität geworden. Einige wichtige Punkte gilt es dabei zu beachten – vor allem, wenn du neu zu einem Team dazustößt.

Deshalb wird es in diesem Kapitel auch darum gehen, wie sich die Anforderungen an Mitarbeitende verändert haben. Abschn. 4.4 bietet einen Leitfaden für Videokonferenzen, Erreichbarkeit und die richtige virtuelle Etikette.

Ein weiterer entscheidender Faktor für deinen Erfolg im neuen Job ist die Art und Weise, wie du kommunizierst und wie es dir gelingt, mit Herausforderungen umzugehen, die im beruflichen Alltag auftauchen können.

4.1 Die ersten Tage souverän meistern

Der erste Tag im neuen Job ist meist sehr aufregend. Freudig-nervös werden dir vorab sicher viele Fragen durch den Kopf gehen: Wie sind die neuen Kollegen? Macht die Arbeit Spaß? Was wird auf mich zukommen? Wie ist meine neue Führungskraft und werde ich mich im Team wohlfühlen?

Damit der Einstieg so einfach und erfolgreich wie möglich wird, findest du im Folgenden die wichtigsten Tipps für die ersten Tage:

Vor dem ersten Tag im neuen Job
- Bereite dich gut vor für einen möglichst entspannten ersten Tag. Verbringe den Vortag und vor allem den Abend in Ruhe, gehe zum Beispiel in die Natur zum Joggen, mache einen Spaziergang oder unternimm andere entspannte Dinge, um dein Nervensystem zur Ruhe kommen zu lassen, gerade wenn du schnell nervös wirst.
- Sei stolz auf dich und halte dir vor Augen, wie weit du schon gekommen bist.
- Checke den Arbeitsweg und überlege, wie du am stressfreisten in die neue Firma kommst.
- Achte auf ausreichend Schlaf und verzichte auf Alkohol.

Der erste Tag
- Stehe etwas früher auf als gewohnt, um den Morgen in Ruhe zu starten.
- Wenn dir danach ist, mache eine kurze Sport- oder Yogaeinheit, um den Körper zu mobilisieren, oder eine Atem- oder Achtsamkeitsübung. Achtsamkeit und Atem werden dir auch in den kommenden Tagen gute Begleiter sein, falls du einmal nervös werden solltest.

- Wichtig ist auch dein äußeres Erscheinungsbild. Achte, wie auch in deinen Vorgesprächen, auf einen gepflegten Eindruck. Dazu können auch ein Frisör- oder auch Nagelpflegebesuch in der Vorwoche gehören.
- Bei der Wahl des richtigen Outfits kannst du dich daran orientieren, was die Mitarbeitenden beim Vorstellungsgespräch getragen haben. Wenn du dir unsicher bist, im Zweifel lieber etwas formeller. Wenn alle anderen im Unternehmen eher lässig gekleidet sind, kannst du dich nach dem ersten Tag anpassen. Es ist gut, immer eher zu den besser angezogenen Personen deiner Abteilung zu gehören. Dies vermittelt deine Ambitionen und du wirkst souveräner und selbstsicherer.
- Mach dich etwas früher auf den Weg als nötig und plane Puffer ein.
- Nun geht es los. Vermutlich werden dich ein:e Kolleg:in aus der Personalabteilung oder deine neue Führungskraft am Eingang oder Empfang abholen und zu deinem Arbeitsplatz begleiten.

Die Einarbeitungsphase

In den meisten Firmen ist es leider üblich, dass nicht alles sofort ab dem ersten Tag reibungslos funktioniert und vollständig vorbereitet ist (Serverzugang, Laptop, Telefon, E-Mail-Adresse etc.). Freue dich, wenn es so ist, aber stell dich darauf ein, dass du das eine oder andere selbst in die Hand nehmen musst. Nimm es mit Humor – und auf keinen Fall persönlich.

Die wichtigsten Kontakte in den ersten Tagen sind in der Regel die IT-Abteilung, um deinen Arbeitsplatz fertig einzurichten, die Personalabteilung für formelle Fragen rund um deinen Start und die Kolleg:innen, die dich einarbeiten.

- Leg dir am besten ein kleines Intro zurecht für die Situation, dass du anderen vorgestellt wirst: Wie du heißt (Vor- und Nachname), in welcher Abteilung du arbeitest, um welche Themen du dich kümmerst, wo du davor gearbeitet hast etc.
- Wenn du Personen triffst, die du noch nicht kennst (zum Beispiel in der Kaffeeküche), sei offen und freundlich und wenn die andere Person nicht in absoluter Hektik ist, ergreife am besten selbst die Initiative und stell dich kurz vor, z. B: „Hallo, ich glaube, wir kennen uns noch gar nicht. Ich bin Martin Texter und unterstütze Daniela Muster in der Marketing-Abteilung".

- Nutze jede Möglichkeit, dir Informationen und Wissen anzueignen, wie zum Beispiel das Intranet oder den Firmenserver. Frage proaktiv nach, welches die wichtigen Themen und Projekte sind und wo du Informationen dazu finden kannst.
- Wenn es nicht sowieso Teil deiner Einarbeitung ist: Frage Kolleg:innen oder deine Führungskraft, ob sie dich bei einem Firmenrundgang den anderen Teams vorstellen.
- Notiere dir am besten von jeder Person, die du kennenlernst, den Namen und die Position sowie die Info, ob ihr euch duzt oder siezt (sofern es nicht einheitlich im Unternehmen gehandhabt wird).
- Versuche, dir die Namen einzuprägen. Baue dir ggf. Eselsbrücken. Wenn du Visitenkarten erhältst, nimm diese wertschätzend entgegen. Solltest du schon eigene Visitenkarten haben, händige deine im Gegenzug aus.
- Wenn du einen Namen nicht verstehst, frage nach. Und wenn du dir nicht sicher bist, frage auch, wie der Name geschrieben oder ausgesprochen wird.
- Sende eine Mail an dein neues Team mit einer kurzen Info zu dir und dass du dich freust, an Bord zu sein. Wenn deine Führungskraft von sich aus eine Mail an das Team schickt, sende eine Antwort an alle, bedanke dich für die Vorstellung und erwähne auch hier, dass du dich auf die Zusammenarbeit freust.
- Besonders wichtig ist eine gute Beziehung zu den Assistent:innen deiner wichtigsten Ansprechpartner:innen. Sie verplanen die Zeit ihrer Vorgesetzten, definieren Prioritäten und können im Zweifel darüber entscheiden, ob du schnell eine dringende Freigabe erhältst oder der nächste Termin erst in zwei Wochen frei ist. Am besten ist ohnehin, dass du zu jeder Person gleich freundlich bist.
- Sei dir nicht zu schade, wenn du auch Dinge erledigen sollst, von denen du denkst, dass sie unter deiner Position sind oder nicht in dein Aufgabengebiet fallen. Anzupacken, wo es gerade nötig ist, ist eine enorm wichtige Kompetenz. Dazu später mehr.
- Finde heraus, wie deine Kolleg:innen zueinander stehen. So vermeidest du es, in Fettnäpfchen zu treten. Nicht immer ist das Machtgefüge entsprechend dem Organigramm. Wenn du weißt, wer wen mag oder auch nicht und wer vielleicht privat befreundet ist, hilft es dir, Seilschaften besser zu verstehen und politisch geschickter zu agieren.

- Arbeitsinhalte: Finde genau heraus, was von dir erwartet wird. Erfrage Prioritäten. Hake nach, wenn etwas unklar ist. Es ist wichtig, dass du verstehst, nach welchen Kriterien deine Leistung bewertet wird. Sieh es als Holschuld an, dich hier bestmöglich mit Informationen zu versorgen.
- Arbeitszeiten und Gepflogenheiten: Gerade in den ersten Wochen kann es hilfreich sein, dich am Verhalten der anderen zu orientieren, was die Arbeits- und Pausenzeiten angeht. Nicht immer ist das, was offiziell im Arbeitsvertrag steht, auch das, was tatsächlich gewünscht ist. In manchen Firmen werden beispielsweise Kaffee- und Raucherpausen uneingeschränkt toleriert. In anderen muss man ausstempeln oder es gibt spezielle Vorgaben. Schau dir auch an, wann deine Kolleg:innen abends das Büro verlassen. In den ersten Wochen solltest du nicht zu den Personen gehören, die jeden Tag als Erste gehen. Wenn du mal nichts mehr zu tun hast, frage Kolleg:innen oder Vorgesetzte, ob du noch etwas helfen kannst, bevor du dich verabschiedest.
- Wenn du nach einer Meinung gefragt wirst und unsicher bist, ob deine Annahmen korrekt sind, kannst du einfach ergänzen, dass du noch nicht im Thema bist, z. B.: „Ich bin ja neu in diesem Projekt und kenne noch nicht alle Hintergründe, ich könnte mir aber vorstellen, dass die folgende Vorgehensweise das Problem löst …".
- Einstandsfeier: Erfrage, was üblich ist. Wird während der Arbeit oder danach gefeiert? Was wird mitgebracht? In welchem Rahmen? etc. Vielleicht kannst du deinen Einstand auch mit Kolleg:innen zusammenlegen, die zur gleichen Zeit angefangen haben.

Extratipp
Mach deine Führungskraft zu deinem Fan! Wenn du deiner Führungskraft dabei hilfst, ihre eigenen Ziele zu erreichen, ist die Wahrscheinlichkeit sehr groß, dass auch sie dich unterstützen und fördern wird. Dies bedeutet nicht, dass ihr immer einer Meinung sein müsst oder du dich gar verbiegen sollst.

Egal, in welcher Branche, ob Agentur, Mittelstand oder Aktienkonzern – fast jede:r Manager:in wünscht sich zwei Dinge: Nämlich mit möglichst wenig Aufwand (oder auch Stress/Ärger/Komplikationen) ein bestmögliches Arbeitsergebnis zu erzielen, um die eigenen Ziele zu erreichen, um wiederum vor der eigenen Führungskraft gut da zu stehen, die eigenen Karriereziele zu erreichen.

Wenn du dir diese beiden Punkte (wenig Aufwand und gutes Arbeitsergebnis) vor Augen hältst, ergibt sich eigentlich alles andere von ganz allein. Und das Wichtigste dabei ist: Wenn du so denkst und arbeitest, lernst du am meisten. Gleichzeitig macht es auch extrem viel Spaß, wenn ihr gemeinsam Themen vorantreibt, Projekte abschließt, ihr euch aufeinander verlassen könnt und auch noch gemeinsam Erfolge erzielt.

Manager:innen sind ganz normale Menschen, die auch gerne Freude bei der Arbeit haben. Auch sie umgeben sich gerne mit Menschen, die positiv und lösungsorientiert sind, mitdenken und anpacken. Kurz: Mit denen das Leben einfach ein bisschen leichter wird und das Arbeiten ein bisschen mehr Spaß macht. Mach also deine Führungskraft zu deinem Fan und sie wird dir jede Türe öffnen.

4.2 Die neuen(!) Job-Basics

Die neuen Job-Basics bilden die essenziellen Grundlagen, die heute in der Arbeitswelt wichtig sind. Aufgrund der rasanten Veränderungen und stetig wachsenden Anforderungen, denen Unternehmen und Mitarbeitende heutzutage gegenüberstehen, ist es wichtig, diese Grundlagen zu verstehen und umzusetzen. Dieses Kapitel gibt dir Einblicke und Ratschläge, um den Anforderungen der heutigen Arbeitswelt standzuhalten, ohne dich dabei selbst zu verlieren.

Auf das meiste, was in der Welt passiert, haben wir keinen Einfluss, was oft ein Gefühl von Machtlosigkeit verursacht. In deinem Leben und bei deiner Arbeit hast du jedoch die Möglichkeit, selbst viele Dinge zu beeinflussen und so die Kontrolle über diesen Bereich deines Lebens zu erlangen. Proaktivität und Initiative sind deshalb ein sehr wichtiges Element für deine innere Unabhängigkeit.

Los geht's:

Sei lösungsorientiert
Entwickle, wann immer möglich, selbst Lösungen für deine Probleme, sei dabei innovativ und offen für unkonventionelle Ansätze. Wenn du

nicht weiterkommst: Frage Kolleg:innen, recherchiere im Internet, höre Podcasts, schaue Online-Tutorials etc. Versuche vorauszudenken, welche Probleme auftreten können, und plane diese in dein Projekt mit ein. Übernimm die Initiative und suche mit Freude in deinen Projekten nach Verbesserungsmöglichkeiten.

Da das Wettbewerbsumfeld und die Kundenwünsche sich immer schneller ändern, werden alte Lösungen künftig immer seltener funktionieren und individuelle und kreative Lösungen zu einem entscheidenden Wettbewerbsvorteil werden. Das Schöne daran ist, dass du mit dieser Einstellung deinen Gestaltungsspielraum erhöhst und deinen Fokus darauf richtest, wie Dinge möglich werden, statt deine Energie auf Probleme zu verschwenden.

Sei offen für Veränderung
Die Arbeitswelt verändert sich so schnell wie noch nie. Sei bereit, dich immer wieder auf neue Arbeitsmodelle, Technologien und Prozesse einzustellen. Veränderung kann manchmal herausfordernd sein, aber sie bringt auch neue Perspektiven und Wachstumschancen mit sich. Sei offen für Veränderung und du wirst feststellen, dass sie der Schlüssel zu Weiterentwicklung und neuen, spannenden Herausforderungen sein kann. Auf der anderen Seite solltest du auch selbst die Courage haben, Neues auszuprobieren. Fordere den Status Quo heraus, suche eigenständig nach Verbesserungen und setze diese um. Du hast dank deines Alters und deiner kurzen Betriebszugehörigkeit einen frischen Blick auf Themen und bist noch nicht betriebsblind. Bewahre dir diese Perspektive und nutze sie als Wettbewerbsvorteil!

Bitte lieber um Entschuldigung als um Erlaubnis
Trau dich, frech und mutig zu sein. Entscheide Dinge selbst, die du verantworten kannst. Die meisten Vorgesetzten schätzen Eigeninitiative sehr, solange sie auf fundierten Analysen und Sorgfalt beruht. Im Zweifel taste dich mit kleinen Entscheidungen vor. Frag, nachdem du eine eigenständige Entscheidung getroffen hast, einfach kurz nach, ob diese Vorgehensweise in Ordnung ist, und dann steigere deinen Gestaltungsspielraum langsam.

Oftmals ist viel mehr Freiheit vorhanden, eigene Entscheidungen zu treffen, als wir für möglich halten. Solltest du dennoch einmal deine

Kompetenzen überschritten oder jemandem auf die Füße getreten haben, bitte aufrichtig um Entschuldigung und verbuche das Ganze als wichtige Lernerfahrung.

Digitale Kompetenz
Neben deinen fachlichen Fähigkeiten ist es heutzutage immens wichtig, dass du kontinuierlich an deiner digitalen Kompetenz arbeitest. Dazu gehört auch die effektive Nutzung von Tools und Plattformen für Kommunikation, Zusammenarbeit und Projektmanagement. Sei hier neugierig, folge spannenden Personen auf LinkedIn oder auch TikTok, abonniere Newsletter zum Thema etc. Vor allem das Thema künstliche Intelligenz wird in den kommenden Jahren von zunehmender Bedeutung sein und es lohnt sich, dich hiermit intensiv zu beschäftigen.

Selbstmanagement
Vorgesetzte schätzen Mitarbeitende, die in der Lage sind, ihre Aufgaben eigenverantwortlich zu planen und zu priorisieren, da es eine große Entlastung ist, wenn du Aufgaben ohne ständige Anleitung erledigen kannst. Eine verantwortungsvolle und eigenständige Arbeitsweise ist auch eine der wichtigsten Eigenschaften, um beruflich voranzukommen. Zudem erhöht ein gutes Selbstmanagement deine Eigenständigkeit und Unabhängigkeit. Es macht viel mehr Spaß, selbst auf dem Fahrersitz zu sitzen, als andauernd jemand anderen die Richtung und das Tempo bestimmen zu lassen.

Teamarbeit
Du solltest in der Lage sein, effektiv in Teams zu arbeiten, sei es physisch oder virtuell. Sei jemand, auf den man sich verlassen kann, den man gerne im Team hat, der das Team zusammenhält. Helft euch gegenseitig, seid füreinander da, habt eine gute Zeit miteinander. Du verbringst oft mehr Zeit mit deinen Kolleg:innen als mit deinem Freundeskreis oder deiner Familie. Von daher hat das Verhältnis zu deinem Team einen sehr großen Einfluss auf deine Stimmung und darauf, wie sehr dir deine Arbeit Freude bereitet.

Arbeitsmoral
Eine starke Arbeitsmoral umfasst Prinzipien wie Vertraulichkeit, Wohlwollen, Offenheit und Menschlichkeit. Diese Aspekte fördern das Ver-

trauen im Team und stärken deine Beziehungen zu Kolleg:innen und Vorgesetzten. Darüber hinaus tragen eine hohe Arbeitsmoral und -ethik maßgeblich zu deiner persönlichen Integrität und Zufriedenheit im Beruf bei.

Klare Perspektive
Eine klare Perspektive zu haben bedeutet, dass du das Gesamtbild verstehst, dein Handeln in den Kontext der langfristigen Ziele des Unternehmens stellst und weißt, wie deine Arbeit dazu beitragen kann, diese Ziele zu erreichen. Wenn du weißt, inwiefern deine Arbeit zum Erfolg deiner Firma beiträgt, erhöht dies dein Sinnempfinden bei der Arbeit.

Work smart
Wenn du Karriere machen möchtest, gibt es Leute, die dir raten werden, morgens die erste Person im Büro zu sein und abends das Licht dort auszumachen. Das ist meiner Meinung nach nicht (mehr) so. Wie anfangs beschrieben, ist dein Arbeitsleben ein Marathon. Deswegen achte auf deine Energie und arbeite smart: Sprich, sei dann da und gib alles, wenn es notwendig ist – und gönne dir Pausen und Erholung, wenn der Workload es ermöglicht. Viel wichtiger als jeden Abend der oder die Letzte im Büro zu sein, ist es, dass du zeigst, dass dir deine Arbeit wichtig ist und du zum Erfolg deiner Projekte beitragen möchtest. Zum Thema „Work smart" gehört auch das Nutzen von hilfreichen Tools und künstlicher Intelligenz, damit du deine Zeit vor allem auf die Themen fokussieren kannst, die wirklich Mehrwert schaffen.

Bewahre den Überblick
Mach dir das Leben leicht: Notiere dir, was wichtig ist, und schaffe dir ein System, wie du deine Notizen und Aufgaben ordnest. Gleiches gilt für deine Mails. Jedes Mailprogramm hat unzählige Möglichkeiten, Mails zu kennzeichnen und zu sortieren, und verfügt über Erinnerungsfunktionen. Ein Weg dafür ist es, die Inbox als To-do-Liste zu nutzen. Alles, was erledigt ist, kommt in einen Unterordner zum jeweiligen Thema. Alternativ kannst du mit den „Fähnchen" zur Nachverfolgung arbeiten. Es gibt etliche Bücher zum Thema und 100 Möglichkeiten, deine Mails und Notizen zu sortieren. Wichtig ist, dass du eine Lösung

findest, die für DICH funktioniert und mit der du deine Aufgaben und Timings nicht aus den Augen verlierst.

Es gibt auch To-dos, die in einem Meeting entstehen oder per Telefon – dann funktioniert das System mit den Mails natürlich nicht. Um auch über diese Themen einen Überblick zu behalten, gibt es drei Möglichkeiten:

1. Ganz oldschool in einem Notizbuch,
2. In einem online Tool: Gerade wenn es wichtig ist, den Überblick über viele Teilprojekte zu haben, kommen Tools wie Asana, OneNote, Trello, Slack, Jira™ etc. in Frage. Dort kannst du einzelne Aufgaben übersichtlich anlegen, Deadlines und Verantwortlichkeiten definieren, Anhänge hochladen und dich auch direkt im Tool mit Kolleg:innen austauschen. Wichtig ist zu schauen, ob der Nutzen eines Tools größer ist als dessen Aufwand. Wenn dir das Tool nur Zeit raubt und du dich damit selbst verwaltest, braucht es vielleicht kein Tool – oder es ist das Falsche. Wichtig ist, dass du dir ein System suchst, das für DICH funktioniert.
3. Schicke dir selbst eine Mail mit deinen Gedanken und To-dos. Am einfachsten und schnellsten geht das über die Diktierfunktion am Handy. Dann hast du es aus dem Kopf und direkt in deiner Posteingangs-To-do-Liste.

Ergreife Chancen, wenn sie sich bieten
Du wirst gelegentlich Aufgaben erhalten, die dir vielleicht keinen Spaß machen. Jetzt zu sagen: „Das ist unter meiner Würde, dafür wurde ich nicht eingestellt! Wie soll ich an dieser blöden Aufgabe beweisen, was ich kann?", wäre kontraproduktiv! Warte nicht auf die „große Gelegenheit" – sondern nutze auch kleine Möglichkeiten, die sich dir bieten.

Selbst wenn es eine stupide Excel-Liste oder das Aufräumen in einem alten Archiv einer anderen Abteilung ist: Häng dich rein! Frage dich, wie du an dieser Aufgabe Freude haben kannst. Entwickle eine Leidenschaft, die Themen zu durchdringen und in Frage zu stellen. Kann künstliche Intelligenz dir helfen, die Aufgabe schneller oder besser zu erledigen? Wie kannst du die Excel-Liste noch übersichtlicher aufbauen? Kannst du mit Hilfe von Formeln das Ausfüllen für die Zukunft leichter gestalten? Wel-

Abb. 4.1 Die Eisenhower-Matrix. (Eigene Darstellung)

che Möglichkeit gäbe es das Archiv übersichtlicher zu strukturieren? Wenn du beweist, mit welcher Freude, Genauigkeit, welchem Elan und welcher Verlässlichkeit du die kleinen Themen angehst, ist der erste Schritt getan, dass dir auch die großen, spannenden Projekte anvertraut werden.

Zeitmanagement
Plane Puffer in deine Timings ein. Nicht nur für deine eigenen, sondern insbesondere auch gerade dann, wenn du auf die Zuarbeit anderer angewiesen bist. Bitte nicht darum, die Unterlagen zu dem Zeitpunkt zu erhalten, wann du sie spätestens brauchst, sondern plane auch hier einen realistischen Puffer ein. Es kann sein, dass die Infos an Dich nicht vollständig sind oder du Rückfragen hast oder etwas falsch oder unverständlich ist etc. Du vermeidest ganz einfach, in Zeitdruck zu kommen, indem du ausreichend Zeit zum Prüfen, Nachfragen und Integrieren bzw. Weiterverarbeiten der Informationen einplanst. Das ist auch absolut nicht unverschämt, sondern ganz normal und völlig in Ordnung.

Erledige die wichtigsten Aufgaben zuerst. Wenn du dir nicht sicher bist, welche das sind, kann die Eisenhower-Matrix [1] helfen (siehe Abb. 4.1). Stelle dir einfach bei jeder Aufgabe zwei Fragen:

- „Dient diese Aufgabe unmittelbar der Erreichung **wichtiger** (definierter) Ziele?" – und:
- „Ist diese Aufgabe **dringend**?" – sprich: gibt es beispielsweise Deadlines, die einzuhalten sind – oder ist jemand anders von deinem schnellen Zuarbeiten abhängig? Nun entscheide:
- Aufgaben, die wichtig und dringend sind, sollten von dir als Erstes erledigt werden.
- Aufgaben, die wichtig aber nicht dringend sind, kannst du dir auf Wiedervorlage im Kalender eintragen.
- Bei Aufgaben, die dringend, aber nicht wichtig sind, solltest du dich fragen, ob diese wirklich von dir erledigt werden müssen (vielleicht kannst du diese Aufgabe delegieren oder automatisieren?) oder – nach Rücksprache mit deiner Führungskraft – vielleicht sogar entscheiden, ob die Aufgabe überhaupt erledigt werden muss.
- Aufgaben, die weder wichtig noch dringend sind: Hier kannst du in der Regel großzügig aussortieren.

Eine gute Strategie kann sein, gleich morgens eine Planung zu machen, welche Themen du nach welcher Priorisierung abarbeitest. Mir hilft es, direkt mit der unangenehmsten oder schwierigsten Aufgabe zu starten. So schiebe ich Themen nicht vor mir her und habe schon am Morgen ein Erfolgserlebnis.

Vermeide Ablenkung

Ablenkung ist einer der schlimmsten Zeiträuber! Versuche daher, unnötige Ablenkung auf ein Minimum zu reduzieren.

Mit folgenden Tipps kannst du die größten Zeiträuber eliminieren:

1. **Reduziere Unterbrechungen:** Schalte die Benachrichtigung für eingehende E-Mails aus und gewöhne dir an, nur zu definierten Zeiten deine Mails zu checken. Wenn du konzentriert an einer Sache arbeitest, kann es auch hilfreich sein, alle Anrufe für ein gewisses Zeitfenster direkt auf deinen Anrufbeantworter umzuleiten. Dass das private Handy während der Arbeit auf stumm geschaltet ist, versteht sich von selbst.

    Unterbrechungen sind Gift für die Produktivität: Eine Studie des deutschen Think Tanks „Next Work Innovation" identifizierte im

Schnitt 15 Unterbrechungen pro Stunde bei Beschäftigten in deutschen Unternehmen. E-Mail- und Chatbenachrichtigungen sind hierbei die stärksten Zeiträuber [2]. Zusätzlich zur Unterbrechung selbst kommt die Zeit, die es braucht, um sich danach wieder auf die eigentliche Aufgabe zu fokussieren. Neurowissenschaftliche Studien haben gezeigt, dass die Re-Fokussierungszeit mindestens 15 % der eigentlichen Bearbeitungszeit einer Aufgabe beträgt. Ebenso verdoppelt sich die Fehlerquote und das Empfinden von Ärger und Ängsten steigt [3].
2. **Erledige kleine Aufgaben sofort:** Wenn du eine Mail einmal anfängst zu lesen, dann beantworte sie direkt (sofern es keine komplexe, zeitintensive Arbeit ist). Danach kann sie in den jeweiligen Ordner verschoben werden und ist somit kein weiterer Punkt auf deiner To-do-Liste. So musst du dich nicht zweimal in ein Thema eindenken.
3. **Unnötiger Perfektionismus:** Bei den meisten Tätigkeiten ist es ausreichend, diese ordentlich zu erledigen – es braucht dafür keinen Perfektionismus. Vereinbare bei größeren Projekten lieber immer wieder ein „Schulterblick-Meeting", in welchem du den aktuellen Projektstatus teilst, statt dich in unendlichen Details zu verlieren, die es vielleicht gar nicht braucht. So bekommst du ein gutes Gefühl dafür, wo du stehst und was es wirklich noch braucht, um das Projekt erfolgreich abzuschließen, und vermeidest unnötige On-top-Arbeit!
4. **Regeln für Mails:** Damit in deinem Postfach wirklich nur wichtige Mails landen, kannst du verschiedene Regeln für z. B. spezielle Absender einstellen. Das wöchentliche Reporting mit zwar wichtigen Zahlen, die du aber nur einmal im Monat brauchst, kann beispielsweise direkt in einen eigens dafür vorgesehenen Ordner wandern. Wenn du die Zahlen dann brauchst, weißt du genau, wo du sie findest. Für unnötige Mails (Mailinglisten, ungebetene Newsletter etc.) empfehle ich, den Absender als Spam zu definieren und die Mails automatisch in den Mülleimer zu leiten oder dich von solchen Newslettern abzumelden.

Fokussiere dich auf die wichtigen Dinge, die Mehrwert bringen. Es kommt nicht darauf, dass du viel arbeitest, sondern dass deine Arbeit viel Mehrwert liefert.

Frage – aber stelle nicht zweimal die gleiche Frage
Fragen zu stellen ist der einfachste Weg, um zu lernen. Die meisten Vorgesetzten freuen sich, wenn jemand gut vorbereitet zu ihnen kommt und ihnen Löcher in den Bauch fragt, wenn jemand Zusammenhänge, Hintergründe und das große Ganze verstehen will. Gute Fragen zeigen, dass du wirklich Interesse hast und dir daran liegt, dich zu entwickeln.

Arbeiten macht dann am meisten Spaß, wenn sich etwas bewegt, wenn Projekte gedeihen und man sich gegenseitig mit neuen Ideen befruchtet. Um dies zu erreichen, hilft es ungemein, wenn alle konzentriert bei der Sache sind. Und deswegen solltest du Infos, die du einmal erfragt hast, notieren, um sie später, wenn du an deinem Schreibtisch an verschiedenen Lösungsansätzen arbeitest, wieder parat zu haben.

Welche Fragen du nicht stellen solltest: Alles, was das Internet oder die Suchfunktion deines Computers dir auch beantworten können. Wenn du Probleme mit Online-Tools oder Anwendungen wie Excel und Power Point hast, recherchiere erst einmal selbst oder frage Kolleg:innen.

Bescheidenheit und Demut
Vielleicht fragst du dich, welchen Bezug die beiden Werte im Kontext dieses Buches haben. Bescheidene Menschen sind in der Regel gute Teamplayer und offen für andere Meinungen und Feedback. Sie werden als authentisch und vertrauenswürdig angesehen.

Unterstütze Kolleg:innen, wenn es brennt, und biete deine Hilfe an. Erkenne die Leistung von anderen an und gehe wertschätzend und wohlwollend mit den Menschen in deinem Umfeld um. Ich habe das Gefühl, die Arbeitswelt wird in den letzten Jahren immer lauter und es findet immer weniger miteinander statt, obwohl man gemeinsam viel leichter große Erfolge erzielen und vor allem Spaß haben kann. In einer wohlwollenden und unterstützenden Umgebung, in der jede:r das eigene Ego auch mal hintanstellen kann, lebt und arbeitet es sich einfach viel entspannter!

4.3 Das Geheimnis guter Kommunikation

Von allen Themen im Berufsleben ist Kommunikation meiner Meinung nach eine der Schlüsselkompetenzen. Sie zu beherrschen, ist eine Superpower und sehr entscheidend für ein gutes Miteinander und eine positive

Stimmung am Arbeitsplatz. Wenn du einige wichtige Punkte beachtest, ist es sicher auch der Bereich, der am einfachsten deinen Erfolg pushen kann. Ihr keine Bedeutung beizumessen, wäre definitiv verschenktes Potenzial.

Auf der anderen Seite ist schlechte Kommunikation leider oft der Grund für eine angespannte und unangenehme Stimmung im Team. Und: Nicht nur WAS kommuniziert wird ist entscheidend, sondern auch das WIE. Außerdem ist einer der grundlegendsten Punkte im Bereich der Kommunikation, *mit*einander zu sprechen statt *über*einander –, denn nur dann kann ein lösungsorientierter Austausch stattfinden.

4.3.1 Grundlage: Die Kommunikationstypen

Bevor ich auf die wichtigsten Varianten der Kommunikation, ihre Tücken sowie die Vor- und Nachteile verschiedener Kommunikationskanäle eingehe, ist es wichtig zu verstehen, dass es verschiedene Kommunikationstypen gibt. Eines der wohl bekanntesten Konzepte, um unterschiedliche Kommunikationstypen zu charakterisieren, ist das DISG-Modell™. Die Basis dieses Modells entwickelte William Marston bereits 1928 in seinem Buch „Emotions of normal people". In diesem Buch unterscheidet er vier grundsätzliche Verhaltensdimensionen [4].

Um herauszufinden, was für ein Typ du bist, findest du auf der Homepage zum Buch den Link zu einem kostenlosen DISG-Test. *Wichtig:* Keiner der Typen ist grundsätzlich „besser" als der andere. Vergleiche dich daher nicht mit anderen.

Zu wissen, wie du selbst tickst, ist der erste Schritt. Damit die Kommunikation mit deiner Führungskraft gut gelingt, ist es ebenso wichtig zu verstehen, was sie für ein Kommunikationstyp ist.

Um dies herauszufinden, gibt es verschiedene Möglichkeiten. Die erste ist, dass du ihre Mails unter die Lupe nimmst und hieraus Rückschlüsse ziehst (sind die Mails eher lang oder kurz? Mit Bulletpoints oder vielen Beispielen? Werden immer erst alle ausführlich an Bord geholt, bevor ein Thema angegangen wird, oder sind meist Zahlen und Fakten im Fokus? Etc.).

Wenn ihr ein gutes Verhältnis habt, kannst du einfach danach fragen, ob sie Lust hat, den Test auch zu machen (oder vielleicht sogar schon gemacht hat).

Alternativ kannst du dich auch erkundigen, ob die Art, wie du E-Mails schreibst, gut ist oder ob du etwas verbessern kannst. Um künftig besser zu deiner Führungskraft durchzudringen, kannst du dir einfach vor jeder E-Mail, die du an sie schreibst, vor Augen führen, was ihr in der Kommunikation wichtig ist, ob sie beispielsweise Informationen gerne knapp und übersichtlich aufbereitet haben möchte oder eben eher der ausführliche Typ ist.

Schreibe nun deine E-Mail wie gewohnt, schaue sie dir anschließend noch einmal unter dem Blickwinkel der unterschiedlichen Kommunikationstypen an und passe sie gegebenenfalls an. Fließtext kannst du wunderbar clustern und in thematischen Bulletpoints zusammenfassen oder eben andersherum.

Schriftliche Kommunikation
Der Vorteil schriftlicher Kommunikation liegt darin, dass auf einfache und schnelle Weise mehrere Personen informiert werden können. Natürlich hilft es bei gewissen Themen auch, Informationen für alle Beteiligten schriftlich zu dokumentieren (im Zweifel kannst du dich so auch absichern gegen vergessliche Kund:innen o. ä.).

Bei sehr komplexen und kleinteiligen Themen mit Potenzial für viele Rückfragen empfiehlt es sich, lieber zum Hörer zu greifen oder persönlich zu sprechen, um Missverständnisse und E-Mail-Ping-Pong zu vermeiden.

Dies sind die wichtigsten Punkte in der E-Mail-Kommunikation:

- **Anrede:** Es sollte selbstverständlich sein, dass der Name immer korrekt geschrieben ist. Gerade bei Namen aus dir fremden Kulturkreisen ist beispielsweise manchmal nicht klar, welches der Vor- und welches der Nachname ist. Achte auch darauf, welche Pronomen die Person für sich nutzt, an die du die Mail schicken willst. Es ist eine Frage des Respekts, diese beiden Punkte beim ersten Kontakt kurz nachzuschauen (Intranet, Internet) oder Kolleg:innen zu fragen.
- **Betreff:** Eine prägnante und informative Betreffzeile gibt Aufschluss über den Inhalt der Mail, z. B.:

    – Änderung Liefertermin Bestellung #13442/Maier
    – Statusupdate Projekt „Liberty"
    – DRINGEND: Rückruf Kunde Bertram bzgl. Reklamation

- **Empfängerauswahl:** Hier ist weniger fast immer mehr. Überlege dir, für wen die Information unbedingt wichtig ist. Diese Personen müssen in die Empfängerzeile.

  Wer nur darüber informiert werden soll, dass die Mail geschrieben wurde, aber kein aktives To do hat: Diese Person kommt „in cc" – sie wird NICHT direkt angeschrieben, sondern erhält eine Kopie der Mail. Erwarte von dieser Person aber auch KEINE Reaktion (cc kommt ursprünglich von „Carbon copy" – also dem Durchschlag von Belegen und hat somit historisch bedingt eher die Funktion „Für die Ablage").

  Geht es um politischere Themen, kann es notwendig sein, Personen auf „bcc" (Blind-Kopie) zu nehmen. So wird eine Kopie an diese Person gesendet, ohne dass die anderen im Verteiler sehen, dass die E-Mail auch noch an jemand anderen ging.
- **Text:** Egal, was für ein Kommunikationstyp dein Gegenüber ist – für eine nette Anrede sollte immer Zeit sein. Schreibe die empfangende Person also mit Namen an.

  Je nach Firmenkultur kann die Anrede von „Hi Marc", bis zu „Sehr geehrte Frau Maier" reichen. Frage hier am besten deine Kolleg:innen, wann welche Anrede angebracht ist. Im Zweifel lieber etwas zu höflich beim ersten Kontakt. Nach einem netten Einstieg (bedanke dich zum Beispiel kurz für die erhaltene Mail) sei im Anschluss möglichst konkret und präzise.

  Gehe respektvoll mit der Zeit deines Gegenübers um. Mache es so leicht wie möglich, dein Anliegen zu verstehen (vor allem, wenn DU etwas von der anderen Person willst). Scheue dich aber nicht, klar und deutlich zu kommunizieren, um Missverständnisse zu vermeiden. Vermeide Fachjargon oder unnötig komplexe Sprache.
- **Die Wahl starker, positiver Wörter:** Oft sind wir uns der Wirkung von Wörtern gar nicht bewusst, aber diese machen beim Empfangenden einen riesigen Unterschied. Lies einmal folgenden Satz und spüre in dich hinein, wie du dich fühlen würdest, wenn ihn jemand so zu dir sagt:

  - *„Vielleicht hast du Recht, aber um das Projekt nicht zu gefährden, muss man anders vorgehen".*

    Fühlst du dich angegriffen? Fühlst du dich, als ob der andere gegen dich wäre oder alles besser wüsste?

Nun lies dir den folgenden Satz durch, der inhaltlich fast die gleiche Aussage hat, und beobachte deine Reaktion:
- „Ich kann deinen Standpunkt verstehen und genau deswegen könnten wir noch Frau Maier um Unterstützung bitten, um das Projekt bestmöglich abzuschließen."

Wie fühlt sich der zweite Satz im Vergleich an? Vermutlich besser, vermutlich eher, als ob ihr gemeinsam an einem Strang zieht, oder?
- Was ist anders:
  - „Ich kann deinen Standpunkt verstehen" zeigt, dass ihr auf der gleichen Seite steht und ist wertschätzend deinen Argumenten gegenüber.
  - „Und" statt „aber" genutzt → „aber" ist ein Wort, das bei vielen Menschen negative Reaktionen auslöst, da es einen Widerspruch suggeriert (und oft ja auch genau so gemeint ist).
  - „Deswegen könnten wir noch Frau Maier um Unterstützung bitten" → das Wort „wir" ist verbindend. Gleichzeitig erfolgt ein konkreter Vorschlag, was noch on Top gemacht werden kann, um zu helfen.
  - „Um das Projekt bestmöglich abzuschließen" → eine positive Formulierung vermittelt positive Emotionen und Zuversicht und statt Angst („um das Projekt nicht zu gefährden").

Du siehst: Wörter haben eine große Macht. Wenn du dir nicht sicher bist, wie der andere eine Botschaft von dir aufnimmt, tausche gedanklich die Rollen und überlege, wie das Gesagte auf dich wirken würde, wenn es jemand zu dir sagt.

- Um **E-Mail-Pingpong zu vermeiden**, hilft es, sich beim Schreiben einer Mail auf präzise und eindeutige Formulierungen zu konzentrieren. Nicht umsonst gibt es den vielzitierten Spruch „Ich schreibe dir einen langen Brief, weil ich für einen kurzen keine Zeit habe.", der neben Johann Wolfgang von Goethe auch noch anderen berühmten Persönlichkeiten zugeschrieben wird. Eine starke, verbindliche und positive Sprache wirkt zudem kompetent und selbstbewusst (ohne unhöflich zu sein). Hier einige Formulierungshilfen für klare und selbstbewusste E-Mail-Kommunikation

- Statt: Tut mir leid, dass es so lange gedauert hat.
  Lieber: Danke für deine Geduld.
- Statt: Entschuldige, dass ich störe.
  Lieber: Ich habe eine wichtige Frage zu ...
- Statt: Ich bin mir nicht sicher, aber ...
  Lieber: Meiner Meinung nach ...
- Statt: Das tut mir wirklich sehr leid, das habe ich total vergessen.
  Lieber: Danke fürs Bescheid geben, ich kümmere mich gleich darum.
- Statt: Ich hoffe, das ist nicht zu viel verlangt.
  Lieber: Danke schon im Voraus für deine Unterstützung!
- Statt: Tut mir leid für die Umstände!
  Lieber: Danke für dein Verständnis!
- Statt: Wenn es dir nichts ausmacht, wäre es toll, wenn du mir die Informationen bald einmal zuschicken könntest.
  Lieber: Bitte schicke mir die Informationen, wenn möglich, bis Ende der Woche.
- Statt: Wann würde es dir passen, dazu zu telefonieren?
  Lieber: Passt bei dir nächsten Montag um 14 Uhr?
- Statt: Es wäre toll, wenn du mir bis Ende nächster Woche Rückmeldung geben könntest, ob die Vorgehensweise in Ordnung ist.
  Lieber: Bitte gib mir doch kurz Bescheid ob das so in Ordnung ist.

- **Stil:** In der Regel gibt es eine voreingestellte Schriftart und -Größe in deinem Mailprogramm. Diese solltest du auch nutzen. Gliedere deine Mails mit Absätzen und Bulletpoints und hebe die wichtigste Info fett oder unterstrichen hervor. Vermeiden solltest du:

  - (Zu viele) bunte Farben im Text – vor allem Rot, da es aggressiv wirkt
  - (Zu viele) verschiedene Schriftarten
  - Mehrere Ausrufezeichen (wirkt aggressiv!!!!)
  - Smileys je nach Firmenkultur reduziert einsetzen

- **Der Schluss:** Es gibt eine interessante Studie darüber, welche Worte in einer E-Mail statistisch dazu führen, dass die andere Person schnell antwortet und dazu noch umsetzt, worum man sie bittet. Diese Worte sind „Vielen Dank".

Wenn es noch nichts zu bedanken gibt, kannst du beispielsweise schreiben: „Danke im Voraus". Dieser Satz erzielt in einer Studie der amerikanischen Firma Boomerang, einer E-Mail Produktivitäts-Software, als Mail-Abschluss mit 65,7 % die höchste Antwortrate [5].

- **Extratipp:** Statt einer Standard-Verabschiedung (wie „mit freundlichen Grüßen") füge doch eine persönliche Info bei wie „Viele Grüße aus Berlin" oder „sonnige Grüße aus dem Logistikcenter". Das löst positive Bilder bei der Person aus, der du die Mail sendest, und schafft Nähe und Vertrauen.

- **Anhang:** Der Klassiker: die Mail ist verschickt und der Anhang fehlt. Wenn dir das ab und an passiert, kann ein Notizzettel am Bildschirm mit der Erinnerung „Anhang?" helfen.
- **Fax/Brief:** In den meisten Firmen wird heutzutage weder per Brief noch per Fax kommuniziert. Sollte es in deinem Fall eine Ausnahme sein, so gelten im Groben auch die obigen Informationen. Sollten viele Briefe geschrieben werden, so gibt es mit Sicherheit eine Vorlage, welche du nutzen kannst, um dir dein Leben zu vereinfachen.
- **Slack, Asana, Trello, Jira, Teams etc.** – Kommunikation in Tools: In diesen informellen Tools gelten in der Regel keine strengen Vorgaben. Auch die Rechtschreibung wird hier eher locker gesehen. Smileys werden oft in großen Mengen eingesetzt und der Ton ist sehr viel entspannter und informeller. Hier steht die klare Projektorganisation im Vordergrund. Informationen müssen übersichtlich an die richtigen Personen übermittelt werden, Dokumente entsprechend der Abmachungen benannt und abgelegt werden etc. Jede Firma nutzt unterschiedliche Tools und auf verschiedene Art und Weisen. Von daher: Lass dir am besten ein kurzes Intro geben, worauf zu achten ist.

Mündliche Kommunikation
Mündliche Kommunikation hat gegenüber schriftlicher Kommunikation den Vorteil, dass man Missverständnisse durch direkte Rückfragen vermeiden kann. Vieles lässt sich einfacher und schneller auf dem kurzen Dienstweg am Telefon oder persönlich bei einem Kaffee klären. Auch große E-Mail-Verteiler lassen sich so vermeiden.

Egal ob im Meeting oder am Telefon (und natürlich auch per Teams, Skype, Zoom, Slack etc. – siehe Abschn. 4.4 zum Thema Remote Work) – eine klare und präzise Kommunikation hilft immer in der Zusammenarbeit. Dabei geht es zum einen um den Inhalt, zum anderen aber auch um die Form.

- **Inhalt:** Überlege dir vor dem Gespräch, was genau besprochen werden soll und welche Informationen du benötigst, um bestmöglich weiterarbeiten zu können. Mache dir Notizen vor Besprechungen, damit du an alle wichtigen Punkte denkst und nichts vergisst.
- **Ziel:** Überlege dir, ob es darum geht, eine Entscheidung zu treffen, die anderen Personen upzudaten, zu brainstormen oder etwas ganz anderes. Kommuniziere dieses Ziel vorab an alle für eine einheitliche und klare Erwartungshaltung an das Gespräch. Wenn ihr im Rahmen eines Meetings sprecht, zu dem du einlädst, empfehle ich immer eine kleine Agenda, damit die Zielsetzung klar ist und die eingeladenen Personen auch vorab entscheiden können, ob sie selbst am Meeting teilnehmen oder z. B. jemand anders aus dem Team, der oder die sich mit dem Thema besser auskennt.
- **Stil:**
  - Hilf deinem Gegenüber schnell zu verstehen, um was es geht. Dies geht am einfachsten, indem du gleich zu Beginn den groben Rahmen setzt und den Kontext gibst. Vor allem, wenn ihr an mehreren unterschiedlichen Themen zusammenarbeitet, ist es sehr wichtig, dass du nicht mit Details anfängst, solange die andere Person noch gar nicht weiß, um welches übergeordnete Thema es geht.
  - Frage nach, wenn du etwas nicht verstehst.
  - Kommuniziere in kurzen, klaren Sätzen, so dass es anderen leichtfällt, dir zu folgen.
  - Passe deinen Kommunikationsstil an deine Gesprächspartner an. Wenn du möchtest, dass deine Botschaft verstanden wird, ist es wichtig, die Sprache deiner „Zielgruppe" zu sprechen.
- **Zuhören:** Ein Kernelement von effektiver Kommunikation ist das aktive Zuhören. Lass die andere Person ausreden. Stelle sicher, dass

du das Anliegen deines Gegenübers verstehst, und hake nach, wenn etwas unklar ist.
- **Gesprächsführung:** Sei in Gesprächen konstruktiv und lösungsorientiert. Stelle offene Fragen, die zur Diskussion anregen. Versuche immer Lösungen zu finden, die für beide Seiten von Vorteil sind und wo keiner das Gesicht verliert.
- **Das Wörtchen „aber":** Grundsätzlich empfehle ich das Wort „aber" nur mit Bedacht einzusetzen, denn auch wenn es nicht bewusst gewollt ist, signalisierst du damit deinem Gegenüber Widerspruch und minderst so seine Aufnahmefähigkeit für deine Argumente. Ich empfehle stattdessen folgende Vorgehensweise:

  – Lasse dich zunächst auf das ein, was dein Gesprächspartner gesagt hat. Was ist gut an der Idee?
  – Würdige, was dir gut gefällt. Zum Beispiel, „Ich sehe es auch so, dass die Ursache des Problems an der mangelnden Kommunikation liegt" und signalisiere so Zustimmung.
  – Im Idealfall findest du nun etwas, was die Brücke zwischen dem, was dein:e Gesprächspartner:in gesagt hat, und deinem Gedanken schlägt – z. B. „Als du vorhin gesagt hast, dass wir mehrere kurze Meetings machen sollten, hat mich das auf folgende Idee gebracht" – und nun nennst du dein Argument.

  Oder du unterstellst deinem Gegenüber, dass deine Idee eigentlich seine war: „Du hattest vorher ja auch angeschnitten, dass man so ein Thema auch nach extern geben kann. Ich finde das eine tolle Idee. Könnte z. B. Agentur XY das übernehmen?". Die wenigsten Menschen werden dir widersprechen, wenn du ihnen eine gute Idee unterschiebst.

  Aber warum solltest du das tun und nicht einfach sagen, dass es deine Idee war? Betrachte es als eine Art Strategie-Spiel, deine Projekte voranzubringen. Und manchmal braucht es einfach eine gute Taktik, um die eigenen Ziele zu erreichen. Diese Situation ist eine klassische Win-Win-Situation: Du bekommst, was du willst, und die andere Person fühlt sich gut und wird dich unterstützen, weil ihr beide gut dasteht.

- **Diplomatie:** Diplomatisch zu sein hat bei vielen einen schlechten Ruf. Es wird teilweise als Manipulation interpretiert oder als unnötige Spielchen der Politik. Worum es bei Diplomatie aber eigentlich geht, ist, die Beziehung zur anderen Person über den Inhalt der eigenen Aussage zu setzen [6]. Es geht also darum, Beziehungen zu anderen Menschen aktiv so zu gestalten, dass sie vertrauensvoll und tragfähig sind und es in Gesprächen und Diskussionen keinen Verlierer gibt und alle ihr Gesicht wahren können. Die Basis dafür sind eine wohlwollende und wertschätzende Einstellung und der zugrunde liegende Wunsch, Brücken zu bauen und gemeinsame Lösungen zu suchen, statt sich selbst über andere zu stellen.
- „Ich-Botschaften": Bei den sogenannten „Ich-Botschaften" teilst du deine eigenen Empfindungen und Wahrnehmungen einer Situation mit. Das Konzept der Ich-Botschaft wurde ursprünglich von Thomas Gordon als Teil des bekannten „Gordon-Modells" entwickelt [7]. Dabei geht es darum, nicht das Verhalten deines Gegenübers zu beurteilen, sondern zu benennen, wie du dich dadurch fühlst. Der „Ich-Botschaft" gegenüber steht die „Du-Botschaft", die oft konfrontativ wirkt und Diskussionen und Abwehrreaktionen hervorruft.

  Beispiel „Du-Botschaft": „Du unterbrichst mich immer und hörst mir nicht zu". Solche Aussagen werden meist als Schuldzuweisung empfunden und dein Gegenüber geht mit hoher Wahrscheinlichkeit in den Verteidigungsmodus. Der gleiche Satz als „Ich-Botschaft" könnte lauten: „Wenn ich von dir unterbrochen werde, fühle ich mich nicht wertgeschätzt".

  Die Kernaussage ist bei beiden Sätzen die gleiche, die Wirkung des Gesagten jedoch komplett unterschiedlich. Die „Ich-Botschaft" hat immer als Ziel, dass gegenseitiges Verständnis geschaffen und die Situation gelöst wird, vorzugsweise unter vier Augen.
- **Deeskalations-Frage:** Meine absolute Lieblingsfrage lautet: „Wie meinst du das?" Es ist eine der besten Fragen, um Missverständnisse zu vermeiden (übrigens auch im Privaten). Wenn du merkst, dass eine Aussage dich irritiert oder verunsichert, ist diese Frage die beste Möglichkeit für gegenseitiges Verständnis und eine entspannte Lösung. Oft sind Mutmaßungen und Fehlinterpretationen oder emotional bedingte Überreaktionen der Beginn endloser Diskussionen und un-

nötiger Grabenkämpfe. Bevor es so weit kommt, kannst du mit dieser Frage das Risiko für solche Situationen extrem reduzieren.
- **Wohlwollen:** Gehe in der Zusammenarbeit mit Menschen generell, vor allem aber in der mündlichen Kommunikation, immer davon aus, dass dein Gegenüber dir wohlgesonnen ist und dir nichts Böses will. Diese Einstellung führt dazu, dass du dich viel weniger oft angegriffen fühlst und in den Verteidigungsmodus wechselst. Und wenn du doch einmal unsicher bist, hilft die Deeskalations-Frage „Wie meinst du das?", um Unklarheiten zu beseitigen.

Du siehst, es gibt gar nicht so viele Dinge zu beachten, um effektiv im beruflichen Kontext miteinander zu kommunizieren. Und doch ist Kommunikation, wie zu Beginn des Kapitels schon gesagt, eines der mächtigsten Tools, um dich zu positionieren und beruflich voranzukommen.

Vor allem wenn der Aufstieg zur Führungskraft ansteht, ist eine gute und effektive Kommunikation unabdingbar. Sprache kann Brücken bauen oder Menschen entzweien, Mut und Hoffnung oder Angst säen. Für eine gute Atmosphäre am Arbeitsplatz und damit ein entspanntes Zusammenarbeiten im Team ist eine bewusste und wohlwollende Kommunikation das A und O.

4.3.2 Interview mit Christine Riedmann, Stellenwerte

Christine Riedmann ist die Gründerin von Stellenwerte (www.stellenwerte.com).

Welche Bedeutung hat eine effektive Kommunikation im Arbeitsumfeld?

Für mich eine Große. Wobei sie im ersten Schritt für mich gar nicht unbedingt effektiv sein muss. Wichtig für mich ist, dass Kommunikation grundsätzlich stattfindet. Mein Worst-Case-Szenario: Ein neuer Mitarbeiter, der sich nicht traut, zu fragen, und Kolleg:innen, die kein oder nur wenig Feedback geben in der Anfangszeit. Gerade in der Einarbeitungszeit ist

Kommunikation enorm wichtig, aber auch grundsätzlich im Arbeitsumfeld. Feedback geben und nehmen sollte jeder Mitarbeitende von Tag eins an können. Eine starke Feedback-Kultur macht für mich einen großen Unterschied. In Teamworkshops merke ich immer wieder, wie oft Konflikte oder Spannungen dadurch entstehen, dass Feedback kaum oder falsch gegeben und aufgenommen wird. Deshalb ist sie für mich der Grundstein für effektive Kommunikation.

Wie kann man konstruktiv auf Kritik reagieren und daraus lernen?

Hand aufs Herz: Konstruktives Feedback fällt vielen schwer. Es ist einfach schöner, gelobt zu werden, als zu hören, was nicht so gut läuft. Aber es ist so wertvoll, konstruktives Feedback zu bekommen, denn nur so können wir lernen und gemeinsam wachsen. Ich spreche bewusst von konstruktivem Feedback anstelle von Kritik, denn Kritik hat für mich keinen Platz in gesunden Unternehmenskulturen. Wenn konstruktive Feedback-Gespräche gut vorbereitet werden, der richtige Rahmen dafür geschaffen wird und Mitarbeitende spüren, dass diese Gespräche dazu dienen, eine Kultur des Voneinander-Lernens zu fördern, dann tut „Kritik" gar nicht weh. Meine Lieblingskultur ist eine, in der Fehler gemacht werden dürfen, um gemeinsam daraus zu lernen, und wo es ganz egal ist, wer den Fehler gemacht hat. Wichtig ist ein Austausch darüber, damit andere nicht in die gleiche Falle tappen.

Also: Jede:r soll selbst entscheiden, ob er oder sie Kritik annimmt, wenn sie professionell platziert wird im Sinne konstruktiver Feedbackgespräche. Ich selbst achte immer ganz genau darauf, wer mir in welcher Form Rückmeldung (positiv wie negativ) gibt. Am Ende entscheidet die Person, die das Feedback erhält, selbst, wie es weitergeht. Manchmal sagt das Feedback auch etwas über den Feedbackgeber selbst aus. Wenn Vorurteile, Fingerpointing, Mikro-Aggressionen oder Beleidigungen im Spiel sind, sehe ich persönlich Schwarz. Da darf ein Kritikgespräch auch durchaus einmal abgebrochen werden.

Was können Arbeitnehmer:innen der Gen Z unternehmen, um sich gut in einer neuen Unternehmenskultur zu integrieren?

Ehrlich gesagt fällt es mir schwer, diese Antwort speziell für die Gen Z zu geben. Neue Mitarbeiter:innen haben aus meiner Sicht generell unterschiedliche Herausforderungen bzgl. der Integration in ein neuen Unternehmenskultur, ganz unabhängig davon, welcher Generation sie angehören. Denn es spielen hier individuelle Faktoren eine Rolle: Arbeite ich vor Ort, überwiegend remote oder hybrid? Bin ich eher extro- oder introvertiert? Welcher Lerntyp bin ich? Lerne ich lieber alleine für mich oder in der Gruppe? Ich empfehle im ersten Schritt, Erwartungen an die Einarbeitung auf beiden Seiten (Arbeitnehmer:innen und Arbeitgeber) klar zu formulieren, am besten in einem schriftlich dokumentierten Einarbeitungsplan. Um sich gut in einem neuen kulturellen Umfeld zu integrieren, sind für mich außerdem grundsätzlich zwei Dinge besonders wichtig: Offenheit und Geduld.

Beim Onboarding sollte man offen sein für neue Werte, neue Kollegen, neue Arbeitsgewohnheiten und vor allem für neue ungeschriebene Gesetze. Es geht ja vor allem darum, ein Gespür für die wahre Unternehmenskultur zu bekommen, jenseits von Hochglanzbroschüren und tollen Unternehmenstexten auf Karriereseiten & Co. Sich Zeit nehmen, die Kolleg:innen kennenzulernen, sich auf unbekannte Arbeitsabläufe einzulassen und sich in das neue Arbeitsumfeld einzufügen wie genau das eine Puzzleteil, das noch gefehlt hat. Und auch geduldig mit sich selbst und den Kolleg:innen zu sein, wenn anfangs nicht alles so smooth läuft, wie man es gerne hätte. Du siehst, für mich ist das generationenunabhängig. Es kommt vielmehr auf die grundlegende Einstellung an: Dass es ok ist, ein sich gegenseitiges Beschnuppern zuzulassen und geduldig, nicht zu streng mit sich und anderen zu sein in der Einarbeitungszeit. Und wenn man in der Probezeit auf einer der beiden Seiten feststellen sollte, dass es doch nicht passt. So what?

Was empfiehlst du jungen Arbeitnehmenden, die gerade in einen neuen Job starten, um erfolgreich Beziehungen zu neuen Kolleg:innen aufzubauen?

Interesse zeigen (Fragen zur Tätigkeit, aber auch zur Person selbst stellen), sich Zeit nehmen für Gespräche, (virtuelle) Lunchtermine oder auch kleine Cafézeiten finde ich für den Start sehr gut. Vielleicht auch offene Fragen, die im neuen Job immer wieder aufkommen, notieren und die Meinung anderer dazu einholen. Beziehungsaufbau ist für mich keine Einbahnstraße, aber ich habe beobachtet, dass sich junge Arbeitnehmende leichter tun, wenn sie Fragen stellen und den regelmäßigen Austausch mit Kolleg:innen jeden Alters suchen.

4.4 Remote-Work-Knigge: Video-Calls, Erreichbarkeit, Etikette

Auch, wenn remote zu arbeiten immer selbstverständlicher wird, reißen die Diskussionen um das Thema nicht ab. Gegenseitiges Vertrauen ist einer der wichtigsten Eckpfeiler für Zusammenarbeit auf Entfernung. Wie du dieses aufbauen kannst und gleichzeitig die Arbeit so strukturierst, dass du dich, obwohl sie in deinen privaten Räumlichkeiten stattfindet, noch abgrenzen kannst, erfährst Du in diesem Kapitel.

Folgende Punkte sind hilfreich für ein erfolgreiches, effektives und angenehmes Remote-Arbeiten:

- **Definiere einen festen Arbeitsplatz:** Ein fester Arbeitsbereich, der idealerweise außerhalb des Schlafzimmers liegt, hilft dir, Arbeit und Freizeit besser zu trennen und vor allem beim Schlafen leichter abzuschalten. Zudem hast du an einem festen Ort immer alle Unterlagen und Utensilien zur Hand. Richte den Platz ergonomisch ein, um auch nach mehreren Stunden noch bequem sitzen zu können und Rückenschmerzen zu vermeiden. Viele Firmen fördern die Ausstattung des Homeoffice.
- **Zeitplanung:** Plane deine Arbeitszeiten bewusst. Dies beinhaltet nicht nur, wann du anfängst und aufhörst zu arbeiten, sondern auch ausreichende Pausenzeiten. Beim Arbeiten zuhause vermischt sich oft das Mittagessen mit einer Videokonferenz oder das Frühstück wird während des Lesens der Mails eingenommen. Trenne diese Tätigkeiten und gönne deinem Kopf und deinem Körper ausreichend Pausen.
- **Kommunikation:** Das Arbeiten von Zuhause kann unter Umständen die Distanz zu deinen Kolleg:innen erhöhen. Halte daher regelmäßigen Kontakt mit deinem Team und mit deiner Führungskraft. Nutze E-Mails, eure Kommunikationstools und Videokonferenzen, um Informationen auszutauschen und Fragen zu klären. Auch das Netzwerken ist trotz räumlicher Distanz möglich. Viele Firmen haben speziell dafür virtuelle Coffee-Breaks oder ähnliche Maßnahmen eingeführt. Sollte es solche informellen Treffen bei euch noch nicht geben, schlage es doch einfach vor und probiert es im Team aus. Es bieten sich auch morgendliche kurze Check-Ins mit dem Team oder deiner

Führungskraft an, um euch upzudaten. Nutze ergänzend auch deine anderen digitalen Netzwerke wie LinkedIn, um mit anderen Menschen im Austausch zu bleiben.

- **Erreichbarkeit:** Das Arbeiten außerhalb des Unternehmens – sei es zuhause oder von unterwegs – bietet eine große Flexibilität. In den meisten Unternehmen ist es in Ordnung, während der Arbeitszeiten für private Themen Pausen einzulegen, solange die vereinbarte Stundenzahl oder das Arbeitsergebnis erreicht werden. Du solltest aktiv erfragen, wie das bei dir in der Firma gehandhabt wird. Wenn es definierte Zeiten gibt, zu denen du erreichbar sein solltest, dann halte dich unbedingt daran. Vertrauen ist die Basis für remotes Arbeiten und sollte das Fundament für jede Zusammenarbeit sein.
- **Technik:** Gut funktionierende Technik ist das A und O. Dazu gehören eine stabile Internetverbindung ebenso wie das reibungslose Bedienen der Tools, eine gute Kamera und ein Mikro.
- **Verhalten in Videocalls:** Sorge für gute Lichtverhältnisse, so dass man dich gut sehen kann. Dein Hintergrund sollte ordentlich und clean sein. Alternativ kannst du auch einen virtuellen Hintergrund wählen. Gerade in größeren Runden sollte dein Mikro immer ausgeschaltet sein, wenn du nicht sprichst, um Ablenkung zu vermeiden. Eine absolut vertrauensbildende Maßnahme ist es, wenn man immer mal wieder beide Hände von dir sieht – so weiß dein Gegenüber, dass du nicht noch zeitgleich an deinem Handy bist oder eine Mail schreibst. Beides solltest du aus Gründen der Konzentration und der Effizienz während Videocalls ohnehin vermeiden. Beachte auch im Videocall die Grundsätze der Kommunikation und sei empathisch. Nicke, wenn jemand anders etwas sagt, das du gut findest, und lehne dich bei wichtigen Themen nach vorne, um auch im virtuellen Raum deine Körpersprache zu nutzen. Ein ernst gemeintes Lächeln ist in Videocalls genauso eine schöne Geste wie beim realen Aufeinandertreffen. Achte auch immer mal wieder darauf, wie dein Gesichtsausdruck ist, wenn du während eines Onlinemeetings eine Stunde konzentriert in einen Bildschirm schaust. Meist wirken wir viel verkrampfter oder gelangweilter, als wir es eigentlich sind.

Außerdem ist es für alle Teilnehmer:innen schöner, wenn sich alle im Call inhaltlich beteiligen. Dazu gehört, wenn jemand eine Frage stellt, nicht erst zu antworten, wenn man angesprochen wird, sondern aktiv dabei zu sein, aber auch selbst Rückfragen zu stellen und anderweitig zu interagieren. Lasst euch auch im digitalen Raum gegenseitig aussprechen. Gerade in größeren Runden helfen hierbei Funktionen wie das virtuelle „Hand-Heben". Fast alle Programme bieten die Möglichkeit für digitale Interaktionen durch Reaktionen wie Applaus oder ein Daumen-hoch-Emoji. Auch ein Videocall kann Freude machen. Nutze die Tools, um die Zusammenarbeit zu erleichtern, und denke daran, dass am anderen Ende auch Menschen sitzen, die auch gerne Freude und Spaß an der Arbeit haben.

- **Selbstmanagement:** Das dezentrale Arbeiten erfordert von dir ein hohes Maß an Selbstmanagement – bringt dir auf der anderen Seite aber auch mehr Freiheiten. Organisiere dich und deine Arbeit eigenverantwortlich und selbstständig. Setze Prioritäten und vernetze dich regelmäßig mit deinen Kolleg:innen und deiner Führungskraft, um alle wichtigen News und Updates zu erfahren. Zuhause oder in einem shared Office sind externe Ablenkungen oft stärker vorhanden als im Büro. Reduziere Störungen und Ablenkungen, so gut es geht, um deine Themen effizient und konzentriert zu erledigen.
- **Bewegung:** Wenn du morgens nicht einmal mehr den Weg zum Büro vor dir hast, bleibt ausreichend Bewegung oft auf der Strecke, was nicht gut für deine mentale und körperliche Gesundheit ist. Stehe daher regelmäßig auf, dehne und bewege deinen Körper, und gehe mindestens einmal am Tag nach draußen an die frische Luft – idealerweise ohne dein Handy. Eine andere Möglichkeit ist es, Themen, bei denen du weder deinen Bildschirm teilen, noch den Screen von jemand anderem sehen musst, in Bewegung zu besprechen – zum Beispiel während eines Spaziergangs.
- **Selbstfürsorge:** Achte auf deine physische und mentale Gesundheit. Sorge für ausreichend Schlaf, Ernährung und Bewegung. Das vermehrte Arbeiten von Zuhause reduziert den persönlichen Austausch mit anderen Menschen. Wenn dieser nicht in anderem Umfang mit Freund:innen und Familie stattfindet, kann es sein, dass dir die Interaktion mit anderen fehlen wird. Dazu kommt, dass die Menschen um dich herum weniger Möglichkeiten haben, zu bemerken, wenn bei dir etwas nicht stimmt. Achte also verstärkt auf dich und deine Gesundheit und bitte um Hilfe, wenn du das Gefühl hast, dass es dir guttun würde.

4.5 Netzwerkaufbau und wie du eine:n Mentor:in findest

Ein tragfähiges Netzwerk im Rücken zu haben, ist aus vielerlei Gründen hilfreich: Es ermöglicht dir Einblicke und Kontakte in andere Abteilungen, kann dir Türen öffnen, hilft dir mit Erfahrungen und Tipps etc.

Kurzum: Ein Kreis aus tollen, verlässlichen Kolleg:innen kann dir das Leben sehr viel leichter machen. Vor allem macht es aber einfach mehr Spaß, sich mit netten Menschen zu umgeben, mit denen man im besten Fall auch Zeit außerhalb der Arbeit verbringen möchte oder mit denen sich sogar richtig gute Freundschaften entwickeln können. Die Autoren Waldinger und Schulz beschreiben in ihrem Buch „The Good Life", basierend auf der größten Langzeitstudie über das Glück, dass diejenigen Teilnehmer:innen, die ein starkes soziales Netzwerk hatten – auch zu ihren Kolleg:innen – von allen Teilnehmer:innen der Studie das höchste Maß an Zufriedenheit und Gesundheit aufwiesen [8].

Deswegen – bau dir ein Netzwerk aus Personen möglichst unterschiedlicher Bereiche deiner Firma auf. Idealerweise bestehend aus:

- **Kolleg:innen** aus deiner eigenen und auch aus anderen Abteilungen oder Geschäftsbereichen. Investiere in diese Verbindungen, vor allem zu Peers (Mitarbeitende auf deiner Karrierestufe), und halte diese auch, sollten sie beispielsweise früher befördert werden als du oder die Firma wechseln.
- **Ehemalige Vorgesetzte.** Verlasse Abteilungen und Vorgesetzte immer im Guten und hinterlasse keine verbrannte Erde. Man trifft sich immer zweimal. Es kann zahlreiche Gründe geben, warum du kein gutes Verhältnis zu einer Führungskraft hast. Sprich trotzdem außerhalb deines inner Circles nicht schlecht über ehemalige Vorgesetzte (und auch nicht über Kolleg:innen). Zum einen bringt es dir nichts, zum anderen könnte es sein, dass sich dadurch Türen schließen. Und Nachtreten hast du sowieso nicht nötig!
- **Andere interessante und/oder wichtige Personen im Unternehmen.** Vielleicht bietet sich die Chance, sich über ein gemeinsames Projekt oder den Sport kennenzulernen. Alternativ kannst du auch einfach ein

gemeinsames Mittagessen vorschlagen oder um einen Rat bitten. Oft sind diese Verbindungen mit die wertvollsten und langlebigsten innerhalb deiner Karriere.

Neben einem starken Netzwerk können erfahrene Mentoren und Mentorinnen an deiner Seite eine große Hilfe während deines gesamten Berufslebens sein. Das umfangreiche Wissen und der große Erfahrungsschatz können dir viele Türen öffnen und dir helfen, schneller zu lernen, Fehler zu vermeiden, dich motivieren und dein Selbstvertrauen stärken.

Einige Unternehmen bieten formelle Mentoring-Programme. Wenn dies bei dir der Fall ist, solltest du diese Chance auf jeden Fall nutzen. Eine weitere Möglichkeit ist es, über Branchenverbände in ein Mentoring-Programm zu kommen oder über online-Plattformen wie mentor:me. Alternativ kannst du potentielle Mentor:innen innerhalb oder außerhalb deines Unternehmens auch direkt ansprechen. Das erfordert vielleicht etwas Mut, kann aber ein absoluter Beschleuniger für dein Wachstum und deine Karriere sein. Die meisten Menschen sind gerne bereit, ihre Erfahrungen zu teilen, wenn sie höflich um Rat gefragt werden.

4.6 Interview mit Christina Hildebrandt, Expertin für Kommunikation, PR und Age Diversity

Christina Hildebrandt ist C-Level-Führungskraft in der Kommunikations- und PR-Branche und Age-Diversity-Expertin.

Dein Herzensthema ist Age Diversity – Was hat das Thema mit einem zufriedenen und erfüllten Arbeitsleben zu tun?

In meiner 20-jährigen Karriere konnte ich als Beobachter und Teilnehmerin eine sich radikal wandelnde Arbeitswelt erleben. Dabei habe ich eine fundamentale Wahrheit erkannt: Alter ist keine Barriere, sondern eine Chance.

Die Vorstellung, dass ältere Arbeitnehmende überheblich und Jüngere faul seien, ist nicht nur falsch, sondern auch schädlich für unsere kollektive Zukunft. In Wahrheit birgt jede Generation einzigartige Stärken, die, wenn sie richtig genutzt werden, zu außergewöhnlichen Ergebnissen führen können. Der „demografische Tsunami" stellt uns vor immense Herausforderungen, bietet aber gleichzeitig ungeahnte Möglichkeiten. Um diesen Wandel erfolgreich zu meistern, müssen wir das Konzept des „Better Together" nicht nur verstehen, sondern aktiv leben. Dies erfordert von uns allen die Bereitschaft, Brücken zu bauen – zwischen Jung und Alt, zwischen Erfahrung und Innovation.

Meine persönliche Reise hat mich gelehrt, dass Zufriedenheit und Leistung untrennbar voneinander sind. Um beides zu erreichen und zu erhalten, müssen wir neue Arbeitsmodelle entwickeln, die es uns ermöglichen, sowohl unsere Karrieren voranzutreiben als auch unseren familiären Verpflichtungen nachzukommen. Die Pflege von Kindern und Eltern darf nicht im Widerspruch zu beruflichem Erfolg stehen – im Gegenteil, sie sollte als integraler Bestandteil eines erfüllten Lebens betrachtet werden. Ich habe beobachtet, dass, wenn altersübergreifende Teams zusammenarbeiten, wenn Boomer und Gen Z ihre Kräfte bündeln, wahre Magie entsteht. Diese Synergie zu nutzen, ist nicht nur für den Unternehmenserfolg entscheidend, sondern auch für die persönliche Zufriedenheit jedes Einzelnen. Es geht darum, das tatsächliche Alter vom beruflichen Leistungsvermögen zu entkoppeln und stattdessen auf die individuellen Stärken und Fähigkeiten zu fokussieren.

Was sind deiner Meinung nach die größten Herausforderungen zum Thema Altersdiversität?

Die Vorurteile und Gräben sind noch groß. Eine der größten Herausforderungen, der ich begegnet bin ist, dass viele Personalverantwortliche heute niemanden über 50 mehr einstellen wollen. Dabei werden sie morgen selbst von diesem Denken betroffen sein. Diese Ironie muss aufgelöst werden, um eine nachhaltige und inklusive Arbeitskultur zu schaffen. In meiner Karriere bin ich zahlreichen Vorurteilen begegnet: Ältere Mitarbeitende seien technisch nicht mehr auf dem neuesten Stand, zu teuer oder nicht in junge Teams integrierbar. Jüngere wiederum wurden oft als faul oder weniger leistungsbereit abgestempelt. Meine Erfahrung zeigt: Beides stimmt nicht. Diese Vorurteile zu überwinden, ist eine der wichtigsten Aufgaben im Kontext von Age Diversity.

Was könnte die Lösung für diese Spaltung der Generationen sein – hin zu einem sich gegenseitig ergänzenden Miteinander?

Ein Lösungsansatz, den ich persönlich als äußerst effektiv erlebt habe, sind Reverse-Mentoring-Programme. Sie ermöglichen einen Wissenstransfer und fördern das gegenseitige Verständnis zwischen den Generationen. Als Teil der „älteren Generation" teile ich gerne einige Tipps aus meiner persönlichen Erfahrung:

1. Sei kein Besserwisser, bloß weil du 20 Jahre älter oder deutlich tech-erfahrener bist. Es geht darum, voneinander zu lernen!
2. Bleib neugierig und profitiere von den Ansätzen der jeweils anderen Generation.
3. Nimm Feedback an – auch von denen, die weniger Erfahrung haben oder schon „zum alten Eisen" gehören.
4. Halte Spannung aus. Wo Reibung ist, entsteht Wärme.
5. Netzwerke divers, weil neue Perspektiven frischen Wind bringen und guttun.
6. Entwickle ein offenes Mindset, sei neugierig gegenüber neuen Technologien, erprobten Prozessen, digitalen Tools und vermeintlich altmodischen Werten. Und: Sei wohlwollend – es geht nur miteinander.

Außerdem sind flexible Arbeitsmodelle wie Jobsharing und Remote Work essenziell, um als Unternehmen attraktiv für alle Generationen zu sein und für eine Arbeitsumgebung zu sorgen, in der Mitarbeitende Freude daran haben, Höchstleistungen zu erbringen. Auch kontinuierliche Weiterbildung für alle Altersgruppen finde ich sehr wichtig. Altersblinde Rekrutierungsprozesse können dabei helfen, Vorurteile zu überwinden.

Was ist dein Wunsch für die Zukunft in Bezug auf das Thema Altersdiversität?

Age Diversity ist ein Katalysator für Innovation und Kreativität. Sie fördert nicht nur den Unternehmenserfolg, sondern auch persönliche Erfüllung. Durch Wertschätzung der Stärken jeder Generation schaffen wir eine Umgebung, in der sich jede:r entfalten kann. Die Herausforderungen des demografischen Wandels zu meistern, erfordert Mut, Offenheit und die

> Bereitschaft, voneinander zu lernen. Doch die Belohnung – in Form von Innovation, Zufriedenheit und nachhaltigem Erfolg – ist es wert. Ich wünsche mir, dass wir gemeinsam eine Arbeitswelt erschaffen, in der Alter keine Barriere, sondern eine Bereicherung ist. Denn nur so können wir den Herausforderungen der Zukunft begegnen und gleichzeitig ein erfülltes Berufsleben für alle Generationen gestalten.

4.7 „Was tun, wenn …" – Umgang mit schwierigen Situationen

Was tun, wenn du mit deiner Führungskraft nicht gut auskommst?
Nimm die Situation erst einmal wertfrei an und überlege dir, wofür sie gut sein könnte. Was kannst du daraus lernen? Überlege dir auch, ob es einen bestimmten Grund oder ein Missverständnis geben könnte, das zu dieser Situation geführt hat. Betrachte die Lage aus verschiedenen Blickwinkeln.

Finde heraus, was ihm oder ihr wichtig ist. Viele Vorgesetzte kann man durch gute Leistung überzeugen und so zumindest ein neutrales Miteinander hinbekommen.

Sei weiterhin freundlich und höflich und lass dich nicht aus der Ruhe bringen. Suche das Gespräch mit deiner Führungskraft und frage nach, was du verbessern kannst. Oftmals können nicht kommunizierte Erwartungshaltungen und Missverständnisse durch klare und wertschätzende Kommunikation geklärt werden. Frage auch Teamkolleg:innen, ob sie ähnliche Situationen erlebt haben und wie sie damit umgegangen sind.

Was du auf jeden Fall vermeiden solltest, ist, dich davon abhängig zu machen, wie deine Führungskraft dich findet, ob sie deine Arbeit wertschätzt oder wie oft sie sich bedankt.

Wenn du selbst intensiv, aber erfolglos versucht hast, die Situation zu lösen, kann es ab einem gewissen Punkt sinnvoll sein, Unterstützung von einer externen Person in Anspruch zu nehmen. Dies kann jemand aus der Personalabteilung, eine interne Vertrauensperson oder ein externer Coach sein. Wenn keine Lösung in Sicht ist und die Situation zu deiner Führungskraft sich negativ auf deine mentale Gesundheit oder deine Karriere auswirkt, solltest du überlegen, ob ein interner Wechsel in eine andere Abteilung oder ein komplett neuer Job in einer anderen Firma nicht eine bessere Option ist. Hier gilt definitiv der bekannte Spruch: „Love it, change it or leave it".

Was tun, wenn die Beziehung zu deinen Kolleg:innen schwierig ist?
Frage dich auch hier, inwiefern dein eigenes Verhalten zur Situation beigetragen haben kann. Oft sind die Gründe ganz banal: Ich habe schon erlebt, dass ein Konflikt zwischen Kolleg:innen entstand, weil eine Person regelmäßig das Fenster öffnete, ohne zu fragen, und es der anderen zu kalt war.

Suche frühzeitig das Gespräch! Über kleine Probleme spricht es sich viel leichter, als wenn sich erst einmal ein ganzer Berg angesammelt hat und die Fronten verhärtet sind. Bleibe ruhig und sachlich und erinnere dich an die „Ich-Botschaften". Im Zweifel kann auch hier eine externe Person zu Rate gezogen werden. Versuche jedoch zuerst wirklich intensiv, selbst die Situation zu lösen.

Was tun, wenn du kritisiert wirst?
Auch wenn du dir viel Mühe gibst, kann es sein, dass es mal zu einem kritischen Feedback kommt. In diesem Fall bleibe erst einmal ruhig und höre gut zu. Frage nach Beispielen, wenn du nicht genau verstehst, was gemeint ist.

Mache dir Notizen und denke in Ruhe über das Feedback nach. An dem allermeisten Feedback ist etwas dran, von dem du lernen kannst. Auch wenn es dir im ersten Moment abwegig vorkommt und du dich nicht darin wiederfindest: Meistens ist irgendetwas in jedem Feedback enthalten, das dir hilft, besser zu werden. Frage im Zweifel auch Freund:innen und Kolleg:innen, wie sie das Thema beurteilen.

Auf der anderen Seite ist es aber auch wichtig, dich nicht zu verbiegen, nur um zu gefallen. Wenn du auch nach reichlichem Nachdenken nichts mit dem Feedback oder der Kritik anfangen kannst, dann kann es sein, dass in diesem Feedback einfach nichts für dich „drin" ist.

Was tun, wenn du einen Fehler gemacht hast?
Fehler sind menschlich und gehören auch im Berufsleben ab und an dazu. Entscheidend ist, wie du mit der Situation umgehst. Der erste Schritt ist

es, den Fehler anzuerkennen und mögliche Auswirkungen zu eruieren. Gehe offen und transparent mit der Situation um. Das Ziel sollte sein, einen möglichen Schaden zu begrenzen und außerdem dafür zu sorgen, dass andere daraus lernen und der Fehler nicht noch einmal passiert.

Wenn der Fehler Auswirkungen auf andere Abteilungen oder das Projekt hat, informiere die beteiligten Personen umgehend und schildere klar und sachlich, was passiert ist. Idealerweise hast du direkt einen Lösungsansatz parat, um die Situation zu beseitigen. Suche nicht nach Ausreden und übernimm die Verantwortung. Falls der Fehler andere negativ beeinflusst, entschuldige dich aufrichtig bei ihnen. Zermartere dich jedoch nicht wegen eines Fehlers. Wo gehobelt wird, da fallen Späne. Wichtig ist, dass du daraus lernst und dich weiterentwickelst. Die meisten Fehler haben keinerlei langfristige Auswirkungen auf deine Karriere. Was oft hilft, ist die Frage, ob sich irgendjemand an diesen Fehler in einem Jahr noch erinnern wird.

Nachdem die Situation gelöst wurde, reflektiere intensiv, wie es dazu kommen konnte, und überlege, wie du ähnliche Fehler in der Zukunft vermeiden kannst. Dieser Lernprozess ist entscheidend für dein persönliches Wachstum und deine berufliche Weiterentwicklung.

Was tun, wenn dir alles über den Kopf wächst?
Du hast hohen Druck bei der Arbeit, die Komplexität deiner Aufgaben wächst und eventuell kommt dann noch ein privates Thema dazu. Wenn dir die Arbeit über den Kopf wächst, hilft es, einen Notfall-Plan zu erarbeiten. Als Erstes ist es wichtig, einmal durchzuatmen und innezuhalten und deine Gedanken zu sammeln. Eventuell hilft dir auch ein Spaziergang an der frischen Luft. Nun notiere dir alle Aufgaben, die anstehen, und sortiere sie nach der Eisenhower-Matrix (siehe Abschn. 4.1). Das Ergebnis sollte eine Liste mit den Themen sein, die den größten positiven Einfluss auf deine Zielerreichung haben (die also wichtig und dringend sind). Erstelle einen Plan, der festlegt, bis wann welche Aufgaben erledigt sein müssen. Überlege dir, wer dir Aufgaben abnehmen könnte, und delegiere diese. Wenn dies nicht ausreicht, um das Arbeitspensum zu bewältigen, frage direkt nach Hilfe: Deine Führungskraft, deine Kolleg:innen, jemanden aus deinem Firmennetzwerk.

Vergiss nicht, dich um dich selbst zu kümmern. Wichtig sind nun ausreichend Schlaf, gute Ernährung, ausreichend Flüssigkeitszufuhr und auch Pausen. Bleibe ruhig und fokussiere dich auf mögliche Lösungen, statt Zeit und Energie auf Probleme zu verschwenden.

Wenn diese Schritte nicht ausreichen, solltest du dringend und in aller Deutlichkeit deine Situation mit deiner Führungskraft besprechen. Es ist ihre Aufgabe, den Workload so zu verteilen, dass dieser zu bewältigen ist. Deine körperliche und mentale Gesundheit steht hier definitiv im Fokus. Bei Bedarf können dich ein Coach oder ein:e Therapeut:in in solch herausfordernden Situationen gut unterstützen und begleiten.

Wenn du merkst, dass dich die Situation dauerhaft belastet, reflektiere darüber, ob deine derzeitige berufliche Situation mit deinen langfristigen Zielen und Wünschen in Einklang steht. Manchmal können solche Ereignisse ein guter Anlass sein, über eine Veränderung nachzudenken.

Fazit für die Praxis

- Die ersten Tage und Wochen im neuen Job sind von besonderer Bedeutung, da sie den Grundstein für die kommenden Monate und Jahre im Unternehmen legen. Bereite dich also gut vor und gehe entspannt und mit einem offenen Mindset an die neue Herausforderung heran.
- Selbstführung, Lösungsorientierung und die Übernahme der vollen Verantwortung für deine Projekte helfen dir, beruflich schneller voranzukommen und auch möglichst viel Freude und Entwicklung in deinen Arbeitsalltag zu integrieren.
- Gute Kommunikation, sowohl mündlich als auch schriftlich, ist die Basis, um dich effektiv mit anderen abzustimmen.
- Vor allem beim remote Arbeiten ist Vertrauen das A und O. Das Arbeiten von zuhause oder unterwegs bietet dir eine Vielzahl an Freiheiten. Dafür ist es wichtig, dass du dich an Absprachen hältst und andere sich auf dich verlassen können. Achte auch darauf, dich bei Bedarf abzugrenzen, und kümmere dich um deine mentale Gesundheit.
- Der Aufbau eines starken Netzwerks und ein:e Mentor:in an deiner Seite können dein Leben bereichern und deine Karriere beschleunigen.

Literatur

1. Müller F (2021) Besseres Zeitmanagement: Eisenhower-Matrix richtig nutzen. Wirtschaftspsychologie aktuell. https://wirtschaftspsychologie-aktuell.de/magazin/coaching/besseres-zeitmanagement-eisenhower-matrix-richtig-nutzen. Zugegriffen am 22.06.2024
2. Starker V et al (2022) Kosten von Arbeitsunterbrechungen für deutsche Unternehmen. Auswirkungen von Fragmentierung auf Produktivität und Stressentwicklung. https://nextworkinnovation.com/wp-content/uploads/2022/06/PMI_NWI_Tagebuchstudie-Arbeitsunterbrechungen-und-Produktivitaet_150622.pdf. Zugegriffen am 22.06.2024
3. Bailey BP, Konstan JA (2006) On the need for attention-aware systems: Measuring effects of interruption on task performance, error rate, and affective state. Comput Hum Behav 22(4):685–708. https://doi.org/10.1016/j.chb.2005.12.009
4. Marston WM (2002) Emotions of normal people. Routledge, London. (Original work published in 1928)
5. Boomerang (2017) Forget „best" or „sincerely", this email closing gets the most replies. https://blog.boomerangapp.com/2017/01/how-to-end-an-email-email-sign-offs/. Zugegriffen am 22.06.2024
6. Kauffmann C (2023) Diplomatie im Alltag: Beziehungen professionell gestalten. Haufe, Freiburg
7. Gordon T (2022) Familienkonferenz. Heyne Verlag, München
8. Waldinger R, Schulz M (2023) The Good Life … und wie es gelingen kann. Kösel, München

5

Dein Mindset für mehr Freude im Job

Nachdem es in Kapitel drei und vier darum ging, wie du deinen Traumjob findest, liegt der Fokus in diesem Kapitel darauf, welchen Einfluss deine eigene Einstellung im konkreten Kontext des Arbeitsalltags hat. Idealerweise hast du schon einen Job gefunden, der das Potenzial hat, dich glücklich und zufrieden zu machen. Die Frage ist natürlich: Wie kannst du dieses Potenzial durch dein eigenes Verhalten maximieren?

Das mächtigste Werkzeug für mehr Zufriedenheit in deinem Job hast du bereits – du nutzt es von Kindesbeinen an, tagein und tagaus: Es ist dein Mindset, deine Einstellung, deine persönlichen Überzeugungen. Allerdings haben viele von uns kein besonders wohlwollendes und positives Mindset, eines, das sie stärkt und an Herausforderungen wachsen lässt. Aber genau das ist es, was ich mit „Working Bliss Mindset" meine: Deine innere Einstellung für Glück und Erfolg.

5.1 Das Working Bliss Mindset – Wie du souverän jede berufliche Herausforderung für dich nutzen kannst

Das Working Bliss Mindset steht für Offenheit und Leidenschaft, für Lernbereitschaft und die Freude an der eigenen Entwicklung, für positive Energie und Neugierde. Für die Lust am Wachsen und dafür, die volle Verantwortung für dein Handeln und deine Entscheidungen zu übernehmen – und auch dafür, die Extra-Meile zu gehen. Das Working-Bliss-Mindset ermöglicht dir, eine erfüllte und erfolgreiche Arbeitsweise zu entwickeln und eine positive Arbeitsatmosphäre zu schaffen. Welchen Einfluss das Mindset auf die eigene Entwicklung, den eigenen Erfolg und die Leistungsfähigkeit ausmacht, bestätigt auch Carol Dweck in ihrem Buch „Selbstbild: Wie unser Denken Erfolge oder Niederlagen bewirkt" [1]. Das Buch basiert auf mehr als 30 Jahren Praxisforschung. Dweck betont darin, dass das sogenannte Growth-Mindset von elementarer Bedeutung für das persönliche Wachstum ist.

Welche Rolle dein Mindset und deine Überzeugungen für dein tägliches Leben spielen, zeigt das ABC-Modell von Albert Ellis auf eindrucksvolle Weise [2]. Das Modell beschreibt, wie Emotionen und Verhaltensweisen entstehen und welchen Einfluss deine eigenen Überzeugungen auf deine Emotionen haben. Laut Ellis führt ein Reiz nicht direkt zu Gefühlen oder Handlungen, sondern ein Schritt dazwischen, der meist unbewusst stattfindet: Deine Bewertung oder Beurteilung des Ereignisses. Deine Gefühle basieren also nicht auf einem Ereignis selbst, sondern auf deiner Beurteilung des Ereignisses.

Das ABC-Modell besteht aus drei Teilen:

- **A – Activating experiences/Aktivierende Erfahrungen**: Die Situation oder das Erlebnis
- **B – Beliefs/Überzeugungen**: Eigene Annahmen und Interpretationen des Ereignisses
- **C – Consequences/Konsequenzen**: Das Verhalten und die Gefühle, die als Reaktion auf die Bewertung des Ereignisses entstehen

Das ABC-Modell zeigt also auf, dass deine Bewertungen und Interpretationen maßgeblich dazu beitragen, wie du auf bestimmte Ereignisse reagierst und welche Emotionen du dabei empfindest.

Eine positive Grundeinstellung kann also auch deinen Arbeitsalltag vorteilhaft beeinflussen und hat damit eine große Auswirkung auf deinen Erfolg und deine berufliche Entwicklung, da es dir leichter fällt, Herausforderungen als Chancen zu sehen und Themen lösungsorientiert und proaktiv anzugehen.

Die Frage ist natürlich, wie du damit umgehst, wenn du merkst, dass deine Beurteilung von Situationen grundsätzlich eher negativ geprägt ist. Wenn diese negative Einstellung bzw. diese Glaubenssätze nicht besonders stark ausgeprägt sind, kannst du selbst daran arbeiten und hier mit Aufmerksamkeit und etwas Geduld recht schnell positive Änderungen erzielen. Wenn du jedoch bemerkst, dass die Gefühle wirklich intensiv sind und dir immer wieder im Weg stehen, lohnt es sich, die Hilfe eines Coaches oder eines Therapeuten bzw. einer Therapeutin in Anspruch zu nehmen.

Wenn die negativen Beurteilungen nur ab und an vorkommen oder nicht sehr intensiv ausgeprägt sind, empfehle ich dir folgende Vorgehensweise, um positiver und gelassener auf unangenehme Situationen zu reagieren:

- **Auslöser identifizieren**: Du bemerkst, dass eine Situation auftritt, auf die du überraschend negativ, sauer, traurig, wütend etc. reagierst.
- **Atmen**: Atme mindestens einmal tief ein und aus. Das beruhigt und schafft etwas emotionale Distanz zur Situation.
- **Fühlen**: Was genau fühlst du? Was genau ist der Auslöser für dieses Gefühl? Welches Wort, welche Geste etc. hat dich so getroffen?
- **Hinterfragen**: Frage dich, was die wohlwollendste Interpretation dieser Situation sein könnte. Hat die andere Person dich wirklich angreifen wollen? Ist es sicher, dass deine Interpretation der Situation richtig ist? Wie könntest du die Situation anders bzw. positiver bewerten, als du es aktuell tust? Was könnte eine alternative Ursache für das Verhalten der anderen Person sein? Oder eine andere Absicht als die von dir angenommene?

- **Klären**: Sollte das Gefühl bestehen bleiben, hilft am besten die Deeskalations-Frage aus Abschn. 4.3.1: „Wie meinst du das?" Diese Frage löst ungute Gefühle oft auf und bildet die Grundlage für eine Lösung der Situation.

Wichtig ist jedoch, zwanghaft positives und lösungsorientiertes Denken nicht zu verwechseln. Ersteres ist unter dem Begriff „Toxic Positivity" bekannt und kann mit der Zeit schädlich sein [3]. Auch negative Gefühle wie Angst oder Sorgen sind Teil des Lebens und sollten nicht verdrängt werden. Allerdings ist es für deine Zufriedenheit von großer Bedeutung, nicht in diesen Gefühlen zu verharren, sondern möglichst schnell zu überlegen, was du aus dieser Situation lernen kannst und dich nach Lösungen umzusehen.

Das „Working Bliss Mindset" ist so entscheidend für deine Zufriedenheit im Job, weil eine positive Arbeitseinstellung eine Vielzahl von Vorteilen mit sich bringt:

- Wenn du positiv an deine Aufgaben herangehst, werden sie dir deutlich mehr Freude bereiten, als wenn du von vornherein alles anstrengend oder blöd findest. Sieh jede Aufgabe, die du erhältst, als Lernchance.
- Deine positive Arbeitseinstellung trägt zu einer guten Teamstimmung bei. Stimmung kann anstecken und jede:r umgibt sich lieber mit Menschen, die optimistisch sind und andere mit ihrer positiven Energie mitreißen.
- Dein Mindset kann dir dabei helfen, Stress besser zu bewältigen. Durch eine optimistische Herangehensweise an Herausforderungen wirst du leichter Lösungen finden und auch in brenzligen Situationen gelassen bleiben.
- Indem du für dein Handeln die volle Verantwortung übernimmst, wirst du zuverlässiger, proaktiver und lösungsorientierter und verbesserst somit auch deinen beruflichen Erfolg.

Bleibt die Frage, wie du es schaffst, dieses Mindset zu entwickeln oder noch mehr zu stärken. Folgende Übungen können dir dabei helfen:

> **Übung – Deine AGBs**
>
> Mache dein Wachstums-Mindset zu deinen persönlichen allgemeinen Geschäftsbedingungen (deinen „AGBs"). Wann immer es schwierig oder kompliziert wird, denke an deine AGBs, lenke deinen Fokus auf Lösungen und Chancen und denke über folgende drei Dinge nach:
>
> - **Analyse:** Wie kam es zu dieser Situation und was kannst du daraus für die Zukunft lernen?
> - **Geschenk:** Was ist das Geschenk in dieser Situation? Wie macht sie dich stärker oder bewahrt dich vor etwas noch Schlimmerem?
> - **Besser:** Wie kannst du die Situation lösen und welche Chancen liegen darin? Gibt es z. B. eine Möglichkeit, dass das Ergebnis dadurch noch besser wird als eigentlich gedacht?

> **Übung – Die „Noch-nicht-Mentalität"**
>
> Wann immer jemand sagt „Das geht nicht" oder du selbst bei dir eine innere Stimme bemerkst, die dir sagt, dass du etwas nicht kannst – füge das Wort „noch" hinzu. Aus einem: „Ich kann keinen guten Lebenslauf schreiben" – wird so ein „Ich kann NOCH keinen guten Lebenslauf schreiben". Dies öffnet die Türe für ein „Aber ich kann es lernen".
>
> Mit Kreativität, einem starken Willen und etwas Zeit lässt sich für fast jedes Problem eine gute Lösung finden. Der Fokus auf „noch nicht" lenkt deine Energie auf mögliche Lösungen statt mögliche Hindernisse.

5.2 Erfolg als Basis für Zufriedenheit? Oder Zufriedenheit als Basis für Erfolg?

Hast du auch oft ähnliche Gedanken wie „Wenn ich erst einmal die Beförderung habe, werde ich so richtig glücklich sein"? Viele von uns laufen ihr Leben lang dem nächstgrößeren Ziel hinterher und arbeiten hart daran, die Dinge zu erreichen, die ihnen erstrebenswert erscheinen. Doch wenn du dann erreicht hast, wofür du so intensiv gearbeitet hast, wirst du meist feststellen, dass du nicht glücklicher bist als zuvor oder dass das Glücksgefühl nur von kurzer Dauer ist.

Die Psychologin Prof. Sonja Lyubomirsky von der University of California konnte nachweisen, dass äußere Umstände nur zu 10 % für langfristiges Glück verantwortlich sind. 40 % kommen von unserer Grundeinstellung und 50 % von der Genetik [4]. Unsere innere Einstellung ist also zu 40 % dafür verantwortlich, wie wir bestimmte Ereignisse wahrnehmen. Sehen wir sie als Chance oder als Unglück?

Der amerikanische Glücksforscher Shawn Achor fand zudem heraus, dass die Lage eigentlich sogar andersherum ist, und Menschen, die glücklich sind, im Beruf signifikant mehr Erfolg haben. Ursache dafür ist, dass das Gehirn in einem positiven Grundzustand um 31 % produktiver arbeitet und dabei 23 % weniger Stress erlebt [5].

Dies alles führt zu einer verbesserten Leistungsfähigkeit und das wiederum zu mehr Erfolg. So entsteht die von Achor als „The happiness Advantage" bezeichnete Aufwärtsspirale. Er konnte sogar belegen, dass ein positives Mindset zu 37 % höheren Erfolgsquoten und bis zu 40 % höherer Wahrscheinlichkeit einer Beförderung führt.

Du siehst: Glück führt zu Erfolg – nicht andersherum! Und die gute Nachricht ist, dass du dein Glücksempfinden wie einen Muskel trainieren kannst. Wie das geht? Hier sind fünf Tipps, die du ganz einfach in deinen Alltag integrieren kannst:

- **Dankbarkeit:** Erinnere dich abends im Bett an 5 Momente oder Erlebnisse, für die du dankbar bist. So schärfst du deinen Blick für Positives im Alltag.
- **Achtsamkeit:** Meditation, Atemübungen oder eine regelmäßige Yogapraxis helfen dir, zur Ruhe zu kommen und dich und deine Bedürfnisse besser wahrzunehmen.
- **Freude:** Umgib dich mit positiven Menschen, schaue Komödien statt True-Crime-Dokus und plane regelmäßig Pausen in deinen Alltag ein, in denen du Dinge machst, die dir Freude bereiten (einen Spaziergang, Sport, dein Lieblingsgericht kochen etc.).
- **Selbstfürsorge:** Nimm dir bewusst Zeit für dich selbst, lerne, „nein" zu sagen und klare Grenzen zu setzen, und achte auf deine eigenen Bedürfnisse.

- **Hilfsbereitschaft**: Sei hilfsbereit: das steigert das Selbstwertgefühl und macht glücklich, weil du anderen etwas Gutes tust. Zudem stärkt sie das Gefühl, dass wir die Welt ein kleines bisschen verändern können, was das Sinnempfinden positiv beeinflusst [6].

5.3 Selbstvertrauen und dein eigener Stil

Selbstvertrauen ist das Fundament für Erfüllung und Erfolg im Beruf. Es entsteht durch das Zusammenspiel verschiedener Faktoren, wie unter anderem deinen persönlichen Erfahrungen, deiner Prägung sowie deinem Bewusstsein über deine Stärken und Fähigkeiten, aber auch durch Rückmeldung aus dem Umfeld [7].

Im Berufsleben spielt dein Selbstvertrauen eine entscheidende Rolle, denn zusammen mit deinem Mindset entscheidet es darüber, ob du selbstbewusst neue Aufgaben angehst und Chancen nutzt, die sich dir bieten, und offen auf fremde Menschen zugehst – oder neue Projekte scheust und lieber anderen den Vortritt lässt, wenn es um spannende Jobchancen geht.

Dein Selbstvertrauen lässt sich ebenso wie dein Mindset stärken. Und da es nicht nur dein Schlüssel zum Glück, sondern auch wichtig für das Erreichen deiner Ziele ist, lohnt es sich sehr, dein Selbstvertrauen zu stärken! Die folgenden beiden Übungen können dir dabei helfen.

> **Übung: Innere Stimmen**
>
> Die meisten Menschen urteilen über sich selbst viel härter als über andere. Höre dir in den kommenden Wochen aufmerksam zu und analysiere, wie du über dich selbst sprichst, zum Beispiel, wenn dir ein Wort nicht einfällt. Steigen so Sätze in dir auf wie: „Ich bin so doof"? Oder wenn dir ein Fehler unterläuft: „War ja klar, dass mir das nicht gelingt"?
>
> Wenn du bemerkst, dass deine inneren Stimmen gerade sehr streng und hart mit dir sind, frage dich, ob du so auch mit jemandem sprechen würdest, den du sehr magst. Oder würdest du die Person eher stärken und sie ermutigen, es einfach noch einmal zu versuchen?

> **Übung: Vergleichen**
>
> Höre auf, dich zu vergleichen. Jeder Mensch und jede Situation sind einzigartig. Oft tendieren wir dazu, uns mit Personen zu vergleichen, die eine Sache schon viel länger machen als wir. Dieser Effekt wird zusätzlich durch Social Media verstärkt, da dort fast ausschließlich über Erfolge berichtet wird und wir uns mit dieser sehr einseitigen und auf Errungenschaften fokussierten Darstellung messen.
>
> Nimm in der kommenden Woche einmal bewusst wahr, wie du dich fühlst, wenn du Werbung schaust oder durch deinen Social-Media-Feed scrollst. Wenn du bemerkst, dass du dich im Vergleich zu den vielen glücklichen, erfolgreichen, gut aussehenden Menschen unwohl fühlst, halte dir vor Augen, dass dies genau das Gefühl ist, das Influencer und Firmen, die Werbung schalten, bei dir auslösen wollen, um ihre Produkte zu verkaufen oder selbst besser dazustehen. Influencer oder Personen, denen du auf Social Media folgst, die regelmäßig ein schlechtes Gefühl bei dir auslösen, solltest du aus deinem Feed verbannen!
>
> Falls du dich schwertust, das Vergleichen komplett abzustellen: Versuche, nicht andere Menschen als Maßstab zu nehmen, sondern deinen eigenen Fortschritt anzuschauen. Wo stehst du heute im Vergleich zum letzten Jahr? Was hast du alles erreicht? Worin bist du besser geworden?

Beachte, dass die Grenze zwischen Selbstbewusstsein und Überheblichkeit sehr dünn ist. Während es für deine Zielerreichung sehr wichtig ist, selbstbewusst zu sein, kann Überheblichkeit kontraproduktiv wirken. Falls du dir unsicher über deine Wirkung bist, hol dir dazu Feedback von Kolleg:innen oder aus dem privaten Umfeld ein.

Wenn du merkst, dass dein Selbstvertrauen stark von äußeren Faktoren wie einem positiven Feedback deiner Führungskraft abhängig ist, ist es wichtig, an diesem Thema zu arbeiten. Du machst dein Glück sonst zu sehr von anderen Menschen abhängig, auf die du niemals Einfluss haben wirst. Besonders schlimm ist das, wenn deine Führungskraft unberechenbar oder sogar narzisstisch veranlagt ist. Dann wird Lob nämlich unvorhersehbar und dein Verlangen nach Anerkennung kann dich in den Burnout treiben.

Wenn du erfolgreich sein willst, dann tu es für dich! Erreiche Außergewöhnliches – aber erwarte kein Lob, keinen Dank, kein Feedback dafür. Mach es für dich. Mach es, weil du weißt, dass du es schaffen kannst, weil du es dir selbst beweisen und weil du wachsen willst. Aber mach es aus dem Vertrauen in dich und in deine eigenen Fähigkeiten. Freue dich, wenn es jemand sieht – und ich bin mir sicher, es wird gesehen werden. Aber mach dich nicht davon abhängig. Mach es nicht für oder wegen des Lobs.

Vor allem junge Frauen erhalten häufig gut gemeinte Ratschläge dazu, wie sie sich im beruflichen Umfeld verhalten sollen. Wenn diese Empfehlungen nicht bereits von den Eltern, den Lehrer:innen oder den Medien vermittelt wurden, dann übernehmen spätestens Kolleg:innen, Vorgesetzte oder sogar externe Berater:innen gerne diese Rolle.

Mit Ratschlägen ist es wie mit der Kritik – schau dir an, ob ein Learning für dich drinsteckt. Wenn du magst, bedanke dich für den Rat, aber lass dich nicht davon beirren. Wie oft habe ich in meinem Leben von einer Person Ratschlag A bekommen und von einer anderen Person das genaue Gegenteil gehört …

> **Wenn du dich im Vergleich zu den vielen glücklichen, erfolgreichen, gut aussehenden Menschen unwohl fühlst, halte dir vor Augen, dass dies genau das Gefühl ist, das Influencer und Firmen bei dir auslösen wollen, um ihre Produkte zu verkaufen oder selbst besser dazustehen.**

Wenn du über ein gesundes Selbstvertrauen verfügst und dir über deine Werte im Klaren bist, wird es dir leichtfallen, bei dir selbst zu bleiben und deinen eigenen Stil zu finden. Es spricht auch nichts dagegen, Ratschläge einfach auszuprobieren, wenn du der Meinung bist, dass sie hilfreich sein könnten.

Mir wurde beispielsweise vor vielen Jahren einmal von einem Trainer geraten, öfter zu lächeln, da ich oft so ernst und dadurch unnahbar wirken würde. Ich habe diesen Rat befolgt und auf einmal immer öfter das Feedback erhalten, dass ich schwer zu greifen und einzuschätzen wäre und ich nicht mehr authentisch wirken würde. Ab diesem Moment habe ich aufgehört, auf Knopfdruck zu lächeln. Vielmehr habe ich den Kontakt zu meinem Team und Kolleg:innen gesucht und offen darüber gesprochen, dass mein ernstes Gesicht ein Zeichen von Konzentration ist und auf keinen Fall negativ gemeint. So hatte mich das ursprüngliche Feedback zwar auf einen wichtigen Punkt hingewiesen, die vorgeschlagene Umsetzung war für mich aber die falsche.

Deswegen ist es so wichtig, an deinem Selbstvertrauen zu arbeiten. Dann kannst du ganz entspannt, basierend auf deiner Persönlichkeit, deinen Werten und dem, was dich und deinen eigenen Stil ausmacht, die für dich passenden Entscheidungen treffen.

5.4 Interview mit Melanie Faltermeier, WE ARE MENTAL

Melanie Faltermeier ist Co-Founderin von WE ARE MENTAL (www.wearemental.de).

Welche spezifischen Herausforderungen und Druckquellen siehst du für die Generation Z im Berufsleben?

Die Generation Z steht vor immer mehr Optionen durch Social Media und die Globalisierung, was zwar zum einen die Anzahl der Wahlmöglichkeiten erhöht, aber auch den Druck des Vergleichens und der Angst, falsche Entscheidungen zu treffen.

Ein weiterer Faktor sind die verlorenen Jahre aufgrund der Pandemie, die sich extrem auf die persönliche Entwicklung, unser Verhalten und unsere Gewohnheiten sowie die sozialen Beziehungen ausgewirkt haben. Dazu gehören Bewegungsmangel, ungesunde Ernährung, gesteigerte Mediennutzung sowie erhöhter Alkohol- und TV-Konsum. Leider wird die Auswirkung auf die Generation Z meiner Meinung nach bisher nicht ausreichend diskutiert.

Darüber hinaus gibt es wirtschaftliche Unsicherheiten, Automatisierung und den Druck der Selbstoptimierung und im Ergebnis, dadurch ständig hohe Leistungen zu erbringen. Obwohl die Generation Z technikaffin ist, fehlt es oft an Medienkompetenz, um den Einfluss von Social Media zu bewältigen. Die mediale Aufmerksamkeit auf die Generation Z und die Kritik an ihrer angeblich fehlenden Arbeitsmoral erzeugen zusätzlichen Druck.

5 Dein Mindset für mehr Freude im Job

Wie denkst du, könnten die verschiedenen Generationen gemeinsam daran arbeiten, die sich wandelnden Arbeitsbedingungen und die steigenden Ansprüche zu bewältigen?

Mir liegt besonders am Herzen, dass wir nicht die Schuld für unsere Herausforderungen hin und her schieben, insbesondere nicht zwischen den Generationen. Es ist wichtig, dass wir einen gemeinsamen Dialog finden und alle Generationen zusammenbringen. Jede Generation bringt schon immer eigene Werte mit, die eine Reaktion auf die aktuelle Situation der Gesellschaft sind.

In etwa vier bis fünf Jahren werden uns etwa zehn Millionen Arbeitnehmer:innen fehlen, da die Babyboomer-Generation in den Ruhestand geht und die nachfolgende Generation nicht so groß ist. Bereits jetzt spüren wir den Fachkräftemangel, der in den nächsten Jahren weiter zunehmen wird. Dieser Mangel wird sich verstärken, da immer weniger Menschen bereit sind, unter den bestehenden Arbeitsbedingungen zu arbeiten. Hier kommen auch die neuen Werte der Gen Z ins Spiel.

Diese Situation führt dazu, dass nicht nur der Fachkräftemangel ein Problem ist, sondern auch steigende Ansprüche an Arbeitsbedingungen. Es ist unklar, wie sich dies in Zukunft entwickeln wird, insbesondere mit der Einführung von KI und neuen Berufsfeldern. Ich glaube jedoch nicht, dass KI alles ersetzen wird, sondern dass sich viele Dinge verschieben und sich spannende neue Berufsfelder entwickeln werden.

Welche Anzeichen für Burnout oder Überlastung bei jungen Berufstätigen sollte man im Auge behalten?

Es gibt klare Anzeichen zu beachten. Diese äußern sich oft durch Sorgen, Ängste, Aufregung und Rastlosigkeit. Negative Gedanken, Unentschlossenheit und ein Mangel an Selbstvertrauen sind ebenfalls häufig. Es zeigt sich ein Rückzug von altersgerechten Hobbys und Aktivitäten sowie ein Leistungsabfall. Alkohol- und Drogenmissbrauch können auch auftreten. Schlafprobleme oder anhaltende Erschöpfung sind weitere Indikatoren, ebenso wie Essstörungen, selbstverletzendes Verhalten und soziale Isolation, verstärkt durch exzessives Gaming oder Handynutzung.

Oft werden als Erstes körperliche Symptome wahrgenommen wie Schlafprobleme, Rücken- und Kopfschmerzen sowie Verspannungen.

Und welche Strategien oder Techniken empfiehlst du, um Stress im Berufsalltag gut zu bewältigen?

Stress ist ein fester Bestandteil unseres Lebens, sowohl im beruflichen als auch im privaten Bereich. Die Frage, was als angemessener Stress betrachtet wird, ist subjektiv und muss jede:r für sich selbst herausfinden. Wichtig ist jedoch, wie wir damit umgehen.

Persönlich empfehle ich, wenn der Stress überhandnimmt, im ersten Schritt zu identifizieren, was genau den Stress verursacht, und im nächsten Schritt die dahinterliegenden Gedanken und Bewertungen zu analysieren. Dies ist ein bewusster Prozess, der manchmal schmerzhaft sein kann, besonders, wenn wir zunächst keine Lösung sehen. Daher rate ich dazu, diesen Prozess gemeinsam mit einer anderen Person zu durchlaufen und Unterstützung zu suchen.

Das Thema Balance ist hier von großer Bedeutung. Es stellt sich auch die Frage: „Wer bin ich ohne meine Arbeit und was definiert mich wirklich? Welche Aktivitäten geben mir Energie?".

Es ist wichtig herauszufinden, woraus man Kraft und Wohlbefinden zieht und wie man seine Energiereserven wieder aufladen kann. Dazu gehören auch Pausen, die so zu gestalten sind, dass sie die Akkus wieder aufladen. Dann ist es wichtig, zügig wieder ins Handeln zu kommen und nicht zu lange über den Stress nachzudenken.

Es ist auch wichtig zu verstehen, dass es in Ordnung ist, die Balance zeitweise aus dem Gleichgewicht zu bringen. Menschen sind widerstandsfähig und können stressige Phasen in der Regel ganz gut bewältigen, ohne gleich gesundheitliche Probleme zu entwickeln. Allerdings ist es essenziell, nach einer stressigen Phase eine Erholungszeit einzuplanen und auch bewusst Grenzen zu setzen, da dauerhafte Stressphasen langfristig nicht förderlich für die Gesundheit sind.

Ist das Steigern der Resilienz hilfreich für die mentale Gesundheit? Und wenn ja – wie können wir die Resilienz steigern?

Resilienz ist ein umstrittenes Thema, weil es oft überstrapaziert wird und nicht die Allheillösung für alles darstellt. Es ist eine Fähigkeit, die wir erlernen können, aber sie garantiert nicht, dass wir jede Krise mühelos bewältigen können. Dabei geht es zum einen um kognitive Ansätze wie das

Reflektieren vergangener Situationen, um zu lernen, wie man sie bewältigen kann, sowie das Bewusstsein für bereits überwundene Herausforderungen.

Aber es reicht nicht aus, im Kopf zu bleiben; man muss auch ins Tun kommen. Das bedeutet, Zeit mit Freunden zu verbringen, Sport zu treiben oder die eigenen körperlichen Grenzen auszutesten.

Digital Detox, also gelegentliches Abschalten von Bildschirmen, ist hilfreich, um die Resilienz zu fördern, da wir den Großteil unseres Tages vor Bildschirmen verbringen.

Resilienz beinhaltet auch Ressourcen wie Selbstfürsorge, soziale Unterstützung und klare Zielsetzungen. Es geht darum, Perspektiven zu schaffen und einen Umgang mit Unsicherheit zu entwickeln. Schließlich erfordert Resilienz auch radikale Akzeptanz der Unsicherheit und die Fähigkeit, für sich selbst zu sorgen. Jede Herausforderung ist einzigartig und es gibt keine Geheimformel für garantierten Erfolg.

Wie können junge Berufstätige Selbstfürsorge und Selbstreflexion in ihren Arbeitsalltag integrieren, um ihre mentale Gesundheit zu stärken?

Die entscheidende Frage ist, in welchem Maße ich täglich reflektieren möchte und welchen persönlichen Nutzen ich daraus ziehe. Sobald mir bewusst wird, dass Selbstfürsorge und Selbstreflexion mein persönliches Wachstum fördern, kann ich darüber nachdenken, wie ich diese in meinen Alltag einbinden kann. Es erfordert ein Gefühl dafür, dass es mir tatsächlich etwas bringt.

Das bedeutet nicht zwangsläufig, dass ich dies täglich tun muss, denn es ist auch wichtig, einfach mal zu „leben", ohne ständig mit mir selbst beschäftigt zu sein. Ein Spaziergang in der Natur oder die Fahrt zur Arbeit bieten oft schon Gelegenheit zur Selbstreflexion. Manchmal bemerken wir nicht einmal, dass wir reflektieren, wenn wir unsere Gedanken schweifen lassen, in der Bahn sitzen und andere Menschen beobachten.

Welche Rolle spielen soziale Beziehungen und Unterstützung von Kolleg:innen und Vorgesetzten bei der Förderung der mentalen Gesundheit am Arbeitsplatz?

Soziale Beziehungen werden massiv unterschätzt und sind entscheidend für die mentale Gesundheit. Informelle Strukturen in Unternehmen werden oft durch soziale Beziehungen geprägt, und diese beeinflussen das Verhalten und den Umgang miteinander maßgeblich. Die Veränderungen durch das Homeoffice, insbesondere der fehlende physische Austausch, haben die sozialen Interaktionen verändert. Dies kann sich negativ auf den Teamzusammenhalt, das Wohlbefinden und informelle Gespräche auswirken. Der Austausch mit anderen ermöglicht persönliches Wachstum und Selbsterfahrung, da wir uns durch die Interaktion mit anderen selbst besser kennenlernen.

Insgesamt dürfen wir die Bedeutung sozialer Beziehungen nicht unterschätzen, da sie nicht nur im beruflichen, sondern auch im persönlichen Leben eine entscheidende Rolle spielen.

Kannst du konkrete Ratschläge für die Kommunikation von Grenzen und Bedürfnissen im Beruf geben, ohne als inkompetent oder unmotiviert wahrgenommen zu werden?

Wenn meine Grenze in einer bestimmten Situation überschritten wird, kann dies zu einem inneren Wertekonflikt führen. In diesem Moment erlebe ich möglicherweise eine innere Unstimmigkeit und Frustration. In solchen Situationen ist es ratsam, nicht sofort in den Angriffsmodus zu gehen, sondern eine Distanz zur Situation zu schaffen und den richtigen Zeitpunkt für die Kommunikation zu wählen.

Die Kommunikation sollte klar und präzise sein und aus der Ich-Perspektive erfolgen. Es ist wichtig, die Auswirkungen einer Grenzüberschreitung zu kommunizieren und lösungsorientiert zu sein. Empathie und Sachlichkeit sollten jederzeit in der Kommunikation erhalten bleiben. Es ist möglich, sachlich emotional zu sein, indem man beispielsweise erklärt, warum man eine Aufgabe gerade nicht übernehmen kann und möglicherweise alternative Lösungen vorschlägt.

Eine interessante Möglichkeit ist auch, eine positive Formulierung zu verwenden, wie: „Ich möchte dir gerne helfen, aber aufgrund von ABC kann ich das gerade nicht schaffen. Lass uns gemeinsam überlegen, wie wir priorisieren können". Dies kann sich für einige besser anfühlen als ein direktes Nein.

> Welche langfristigen Auswirkungen kann vernachlässigte mentale Gesundheit auf die berufliche Entwicklung und das allgemeine Wohlbefinden der Generation Z haben? Und wie kann man dem vorbeugen?

Es ist wichtig zu verstehen, dass je länger wir warten, um Hilfe zu suchen, desto mehr können riskante Verhaltensmuster zur Gewohnheit werden, gerade, da Hilfe durch Psychologen aktuell oft mit langen Wartezeiten verbunden ist. Langfristige Auswirkungen können auch körperliche Gesundheitsprobleme, Stigmatisierung, Diskriminierung, soziale Isolation, Armut und sogar Suizid sein.

Was daher aktuell dringend benötigt wird, sind geeignete Ressourcen und Unterstützung bei Überlastung in den Unternehmen selbst. Eine weitere präventive Maßnahme ist das offene Gespräch miteinander. Dies kann zu einem Gefühl von Verständnis führen, das Optimismus und Zuversicht fördert. Die sozialen Medien haben das Bild von psychischer Gesundheit insbesondere für die Generation Z verändert. Es gibt einen leichteren Zugang zu Informationen über psychische Gesundheit, aber es erfordert auch eine bewusste Medienkompetenz, um nicht in übermäßiges Grübeln oder Selbstdiagnosen zu verfallen.

Daneben gibt es verschiedene Selbsthilfemaßnahmen, um die psychische Gesundheit zu fördern. Diese umfassen bewährte Praktiken wie Bewegung, soziale Interaktionen und eine gesunde Ernährung. Diese einfachen Maßnahmen können oft schon einen großen Unterschied machen.

Schließlich beeinflusst unsere psychische Gesundheit auch unsere berufliche Entwicklung. Ein achtsamer Umgang mit uns selbst und eine bewusstere Reaktion auf äußere Umstände können dazu beitragen, die mentale Gesundheit zu stärken. Überlastung hat oft viele Ursachen und ist in einem komplexen sozialen und psychologischen Kontext verwurzelt. Es ist wichtig, dies gemeinsam und nicht isoliert zu betrachten.

5.5 So bringst du mehr Sinn in deinen Arbeitsalltag

Was es im Großen braucht, um Sinn bei der Arbeit zu empfinden, wurde in Kap. 2 beleuchtet. Zusätzlich gibt es im Alltag noch viele kleine Möglichkeiten, deine tägliche Balance und Freude zu steigern. Diese Gewohnheiten und Einstellungen wirken sich positiv auf deine Selbstwirksamkeit und dein Glücksgefühl aus und können dadurch dein Sinn-Empfinden weiter stärken.

- **Vorfreude**: Überlege dir am Wochenende oder Montag früh auf dem Weg zur Arbeit, auf welche Themen, Kolleg:innen, Meilensteine etc. du dich diese Woche freust. Wo kannst du etwas Neues lernen oder einen positiven Unterschied machen?
- **Balance**: Deine Woche besteht nicht nur aus Arbeit! Mache dir selbst eine Freude: Triff dich in der Mittagspause oder nach Feierabend mit Freunden, gehe in den Sport oder koche dein Lieblingsessen. Als Akt der rebellischen Selbstliebe: Gehe mindestens einmal pro Woche etwas früher und unternimm etwas Schönes.
- **Time out**: Blocke dir regelmäßig Zeit im Kalender nur für dich. Gehe spazieren, trinke Kaffee in der Sonne mit jemandem, den du magst, oder buche dir einen Massagetermin.
- **Weiterentwicklung**: Was möchtest du lernen? Entdecke regelmäßig spannende Webinare für die Mittagspause oder höre Podcasts zu Themen, die dich interessieren. Dabei müssen es nicht nur Inhalte aus deinem beruflichen Fachgebiet sein. Auch ein Webinar zum Thema Künstliche Intelligenz kann inspirierend sein, selbst wenn du im Personalbereich arbeitest. Auf Plattformen wie Eventbrite kannst du nach kostenlosen Online-Events suchen. Auf LinkedIn Learning gibt es unzählige kostenlose Online-Kurse. Auch Udemy oder YouTube können viel spannendes Wissen vermitteln. So kommst du schnell an neue Inspiration.
- **Übernimm Verantwortung**: Das Gefühl, dass Dinge außerhalb deiner Kontrolle liegen und du Spielball der Firmenpolitik oder abhängig von den Entscheidungen anderer Menschen bist, kann viel Energie rauben. Doch oft kannst du viel mehr beeinflussen, als du denkst. Starte zum Beispiel heute damit, eine Entscheidung selbst zu treffen, für die du normalerweise jemand anderen gefragt hättest. Oder stelle Dinge in Frage, die dir unsinnig und zeitraubend erscheinen. Mach es dir zur Angewohnheit, so oft es geht, selbst auf dem Fahrersitz Platz zu nehmen.

Fazit für die Praxis

- Das Working Bliss Mindset steht für Offenheit und Leidenschaft, für Lernbereitschaft und die Freude an der eigenen Entwicklung, für positive Energie und Neugierde. Es ermöglicht dir, eine erfüllte und erfolgreiche Arbeitsweise zu entwickeln und eine positive Arbeitsatmosphäre zu schaffen.
- Zufriedenheit ist die Basis für Erfolg – nicht andersherum!
- Mache dein Selbstvertrauen nicht von dem Feedback anderer abhängig. Das Wichtigste ist, dass du selbst stolz auf dich bist.
- Auch im Kleinen kannst du mehr Freude und Sinn in deinen Arbeitsalltag integrieren. Lerne hierfür regelmäßig Neues dazu, triff eigenständige Entscheidungen und gönne dir Zeit für dich selbst.

Literatur

1. Dweck C (2017) Selbstbild: Wie unser Denken Erfolge oder Niederlagen bewirkt I Selbstbewusstsein und Selbstwertgefühl stärken. Piper, München
2. Ellis A, MacLaren C (2014) Rational-Emotive Verhaltenstherapie. Junfermann, Paderborn
3. Maas A (2021) Die Happiness-Lüge: Wenn positives Denken toxisch wird. Eden Books, Hamburg
4. Lyubomirsky S (2018) Glücklich sein – Warum Sie es in der Hand haben zufrieden zu leben. Campus, Frankfurt
5. Achor S (2011) The happiness advantage: the seven principles of positive psychology that fuel success and performance at work. Virgin Books, London
6. Schmidt D (2020) Warum wir mit Hilfsbereitschaft auch uns selbst helfen. https://www.mdr.de/wissen/podcast/challenge/warum-wir-mit-hilfsbereitschaft-auch-uns-selbst-helfen-100.html. Zugegriffen am 22.06.2024
7. Mai J (2023) Selbstbewusstsein trainieren: 12 Tipps und Übungen. https://karrierebibel.de/selbstbewusstsein-selbstvertrauen/. Zugegriffen am 18.10.2023

6

Deine Weiterentwicklung: Von Feedbackgesprächen und Gehaltsverhandlungen

Ein weiterer wichtiger Punkt für dein persönliches Wachstum – und damit auch für ein glückliches und erfolgreiches Arbeitsleben – ist deine Weiterentwicklung. In diesem Kapitel geht es daher um unterschiedliche Möglichkeiten und Strategien, wie du deine Karriere entsprechend deiner eigenen Wünsche vorantreiben und persönlich wachsen kannst.

Das Schwierige an der Weiterentwicklung, insbesondere wenn sie von deiner Firma unterstützt werden soll oder mit einer Beförderung oder Gehaltserhöhung verbunden ist, liegt darin, dass es Faktoren gibt, die du selbst nicht beeinflussen kannst. Dazu gehören die wirtschaftliche Situation der Firma und der Branche, die Entwicklungspläne anderer Kolleg:innen und die Strukturen im Unternehmen.

Um trotz dieser Herausforderungen das eigene Wachstum voranzutreiben, ist es entscheidend, den Fokus auf die Aspekte zu legen, die du selbst beeinflussen kannst.

In den folgenden Kapitelabschnitten geht es daher vor allem darum, wie du für dich die richtigen Entscheidungen in Punkto Weiterentwicklung, Weiterbildung, Zielsetzung und Zielüberprüfung sowie einen möglichen Jobwechsel treffen kannst.

6.1 Feedbackgespräche aktiv nutzen

Feedbackgespräche sind ein wertvolles Instrument, um kontinuierlich an deiner persönlichen und beruflichen Weiterentwicklung zu arbeiten. Sie bieten dir im Idealfall die Möglichkeit, eine ehrliche und konstruktive Rückmeldung zu erhalten, die dir hilft, zu verstehen, wo du stehst, was eventuell noch fehlt für einen nächsten Schritt und wie du deine Stärken weiter ausbauen kannst. Im besten Fall erhältst du von deiner Führungskraft ein offenes, unterstützendes und förderndes Feedback, um ein besseres Verständnis für deine Arbeitsweise, deine Wirkung auf andere und deine berufliche Perspektive zu erhalten. Ein ernsthaftes Feedbackgespräch ist ein wertvolles Geschenk. Es zeigt, dass die Person, die das Feedback gibt, sich um deine Weiterentwicklung bemüht und es ihr wichtig ist, Zeit für die Vorbereitung des Gesprächs aufzuwenden und gemeinsam mit dir an deinem Wachstum zu arbeiten.

Es ist keineswegs so, dass der jährliche oder halbjährliche Termin etwas ist, auf das du passiv wartend, im schlimmsten Fall bangend oder mit Furcht blicken solltest. Auch hier gibt es zahlreiche Möglichkeiten, das Thema aktiv zu gestalten und großen Einfluss zu nehmen.

Entscheidend für ein gutes Feedbackgespräch ist vor allem deine Vorbereitung. Es ist wichtig, diesen Termin als Chance zum Wachstum und für deine persönliche Entwicklung anzusehen. Es geht um dich und deine berufliche Zukunft. Bereite dich daher intensiv und mit einem positiven Mindset auf das Gespräch vor.

Vor dem Gespräch ist es sinnvoll, deine eigenen Ziele zu reflektieren. Außerdem solltest du dir Gedanken über deine Stärken, Schwächen und Erfolge machen. Notiere deine Überlegungen und ergänze jeweils zwei bis drei Beispiele.

Besonders in Bezug auf deine Erfolge ist eine gründliche Vorbereitung ratsam. Sei so präzise, wie möglich! Erstelle einen umfassenden Überblick über deine Projekte und die erzielten Ergebnisse. Ein Tipp, der mir sehr bei der Vorbereitung von Feedback Gesprächen geholfen hat, ist, einen „Erfolgs-Ordner" anzulegen. Dieser Ordner (digital oder per Papier) sollte alle deine Erfolge, Projektabschlüsse, erfolgreichen Weiterbildungen, positiven Feedbacks von Kund:innen und Kolleg:innen etc.

6 Deine Weiterentwicklung: Von Feedbackgesprächen und ...

enthalten und kontinuierlich gepflegt und erweitert werden. So hast du die wichtigsten Informationen direkt zur Hand und vermeidest, dass du Feedbacks vergisst oder etwas verloren geht.

Formuliere auch Fragen, die du während des Gesprächs stellen möchtest, und nutze die Chance, um gezielt um Unterstützung oder Ratschläge zu bitten.

Wenn du bereits das eine oder andere Feedbackgespräch mit deiner aktuellen Führungskraft hattest, macht es auf jeden Fall Sinn, dir deine letzten Feedbackbögen anzuschauen und zu prüfen, was sich seitdem verändert hat. Sammle auch hierzu Beispiele und Fakten, die aufzeigen, wie du dich in den Bereichen verbessert hast, die als Entwicklungsfeld definiert waren.

Es ist auch wichtig, dass du klare Ziele für dich selbst definierst. Nur, wenn du selbst weißt, in welche Richtung du dich entwickeln möchtest, kannst du im Feedbackgespräch deine persönliche Entwicklung gezielt steuern und sicherstellen, dass deine Führungskraft dich dabei unterstützt.

Checkliste: Vorbereitung des Feedbackgesprächs
- Notiere alle deine Projekte mit jeweiligem Status und Zielerreichung
- Wo konntest du positiv zu Resultaten beitragen? Was genau war die Verbesserung? In Prozent? Oder in Euro?
- Konntest du Einsparungen realisieren oder Prozessverbesserungen, die zu Einsparungen in Geld oder weniger nötigen Abstimmungsschleifen etc. führten?
- Deine größten Erfolge mit zwei bis drei konkreten Beispielen
- Deine Stärken und Schwächen mit Beispielen
- Wie zufrieden du selbst mit deinen Arbeitsergebnissen bist
- Gibt es erfolgreich abgeschlossene Weiterbildungen seit dem letzten Gespräch?
- Inwiefern hast du Punkte aus dem letzten Gespräch verbessern können?
- Deine eigenen Fragen an deine Führungskraft
- Wo wünschst du dir Hilfe/Rat/Unterstützung?
- Was sind deine eigenen Ziele für das kommende Jahr?
- Was sind deine Ziele für den nächsten Karriereschritt?

6.1.1 Durchführung von Feedbackgesprächen

In den meisten Fällen leitet deine Führungskraft das Feedbackgespräch ein. Anschließend hast du die Gelegenheit, deine eigenen Anliegen zu äußern. Wenn du mit einem neuen Chef oder einer neuen Chefin das erste Gespräch führst, erkundige dich am besten vorab nach dem genauen Ablauf, da jede Person Feedbackgespräche unterschiedlich gestaltet – selbst innerhalb des gleichen Unternehmens oder einer Abteilung.

Bei der Durchführung von Feedbackgesprächen ist es wichtig, dass die Atmosphäre offen und respektvoll ist. Höre aktiv zu, ohne das Feedback persönlich zu nehmen. Stelle gezielte Fragen, wenn du etwas nicht verstehst, und bitte um Beispiele zur Erklärung.

Feedbackgespräche sollten keine Einbahnstraße sein. Nutze die Gelegenheit, auch deine Ansichten und Wünsche klar zu kommunizieren. Wenn du Dinge anders siehst oder etwas richtigstellen möchtest, ist dieses Gespräch auch dafür der richtige Rahmen. Du musst dich allerdings nicht rechtfertigen oder verteidigen. Das drängt dich im schlimmsten Fall sogar eher in eine passive, wenig souveräne Haltung.

Das Ziel sollte sein, dass du im Fahrersitz sitzt. Dafür muss nicht jede Aussage richtiggestellt oder jeder Fehler erklärt werden. Wichtiger ist, dass du dich auf deine eigenen Ziele für das Gespräch fokussierst.

Stell dir vor, du hast für dieses Gespräch 100 % an Energie zur Verfügung. Möchtest du sie lieber darauf verwenden, für deine eigenen Themen zu kämpfen (Gehaltserhöhung, Beförderung, Weiterbildungsbudget o. ä.)? Oder lieber darauf, einen Kommentar deiner Führungskraft richtig zu stellen? Verschwende deine Energie nicht auf einem fremden Spielfeld!

Für den Fall, dass das Feedback an dich nicht konstruktiv, wohlwollend und fördernd ist: Fühl dich nicht angegriffen. Die Art und Weise, wie Feedback gegeben wird, sagt sehr viel mehr über die Person aus, die das Feedback gibt, als über die Person, die das Feedback empfängt. Bleibe bei dir und vor allem: Bleibe freundlich und sachlich. Das Wichtigste ist, dass du deine Ziele nicht aus den Augen verlierst.

> Die Art und Weise, wie Feedback gegeben wird, sagt sehr viel mehr über die Person aus, die das Feedback gibt, als über die Person, die das Feedback empfängt.

Wenn du dir beispielsweise vorgenommen hast, nach einer Gehaltsanpassung zu fragen, du aber gleich zu Beginn unsachliches und verletzendes Feedback erhalten hast, ist es nicht hilfreich, einen Gegenangriff zu starten oder dich beleidigt zurückzuziehen.

- Besinne dich auf deine Stärken und Wünsche, bleib bei dir und lenke das Gespräch wieder zurück zu deinem Thema.
- Achte auf deine nonverbale Kommunikation, denn sie sendet wichtige Signale. Eine offene, leicht nach vorne gebeugte Haltung schafft eine ideale Voraussetzung für ein gutes Gespräch. Vermeiden solltest du verschränkte Arme, denn sie signalisieren Ablehnung.
- Mach dir Notizen, wie auch immer das Feedback ausfällt, um im Nachgang noch einmal zu reflektieren, was du aus dem Gespräch für dich mitnehmen kannst. Manchmal sind die Themen, die wir am wenigsten wahrhaben wollen, diejenigen, an denen wir am meisten wachsen können. Überlege dir also zu jedem Punkt, was du daraus für dich lernen kannst.
- Es kann helfen, wenn du am Ende das erhaltene Feedback noch einmal in deinen eigenen Worten zusammenfasst. Beispielsweise so: „Wenn ich dich richtig verstanden habe, siehst du meine Stärken im Bereich der Kundenführung und Kommunikation. Auch, wie ich das neue Projekt strukturiert habe, hat dir gefallen. Verbesserungspotenzial besteht im Bereich Projektsteuerung und Kundenakquise".
- Sollte es einen schriftlichen Beurteilungsbogen geben, der eventuell sogar unterschrieben werden muss, lies ihn dir in Ruhe durch und kläre offene Fragen, bevor du unterschreibst.
- Bedanke dich am Ende des Gesprächs für das Feedback und überlege, wie du die erhaltenen Informationen nutzen kannst, um deine berufliche Entwicklung voranzutreiben.

6.1.2 Kurzinterview mit Maxie Renner, Expertin People and Culture

Maxie Renner ist selbstständige Beraterin im Bereich Recruiting, Personalentwicklung, Interimsmanagement und Expertin für People and Culture (www.maxierenner.com).

Welche Bedeutung haben regelmäßige Feedbackgespräche und wie tragen sie zur beruflichen Entwicklung bei?

Feedbackgespräche sind eines der zentralen Instrumente für die persönliche Weiterentwicklung. Und sie geben Sicherheit auf beiden Seiten.
Ich halte einen unaufgeregten Rhythmus für sinnvoll. Gerade für Berufseinsteiger finde ich mindestens ein gut vorbereitetes Gespräch zum Ende einer Probezeit und ein Jahresgespräch unabdingbar. Es geht um einen regelmäßigen Austausch mit seiner Führungskraft, ein fest eingeräumtes Zeitfenster für beide Seiten.

Welche bewährten Praktiken empfiehlst du für die Vorbereitung auf ein Feedbackgespräch?

Viele wünschen sich Umgang auf Augenhöhe, kommen jedoch völlig unvorbereitet in ein Gespräch. Das ist ein schlechter Start für beide Seiten.
Ich empfehle, sich zwischen zwei Gesprächen sehr genau anzusehen, ob das Besprochene umgesetzt und Versprechen eingehalten wurden. Denn darum geht es doch, gegenseitig Abmachungen einzuhalten. Zu qualitativen und zu quantitativen Dingen.
Was man sich vor jedem Gespräch ansehen sollte:

- Was habe ich seit dem letzten Gespräch erreicht?
- Wo möchte ich noch besser werden? Es ist eine schöne Situation, wenn beide Seiten sich hier einig sind. Vor allem ist es auch ein wichtiges Zeichen für eine gute Selbstreflexion, was wichtig ist, um einmal selbst Mitarbeitende zu führen.

- Wo steht das Unternehmen aktuell? Das ist vor allem bei Gehaltsgesprächen relevant! Wenn das Unternehmen gerade in der Krise steckt und jemand trotzdem 20 % mehr Gehalt fordert, ist das meist einfach nicht möglich.
- Wo möchte ich bis zum nächsten Gespräch stehen?
- Was brauche ich dazu? Stichwort Weiterbildung ...

Welche Strategien oder Tipps kannst du teilen, um schwierige oder herausfordernde Themen im Feedbackgespräch anzusprechen?

Oftmals wurden schwierige Punkte ja schon vor einem Feedbackgespräch angesprochen. In diesem Fall empfehle ich unbedingt, das Thema aufzugreifen und im besten Fall aufzuzeigen, was sich alles schon zum Positiven verändert hat. Auf jeden Fall aber proaktiv ansprechen! Du bist danach freier und hast wieder vollen Fokus auf deine Jobthemen!

Manchmal gibt es auch die Situation, dass nur DU denkst, es gibt ein Thema. Das habe ich wirklich schon tausend Mal erlebt. Auch hier: Unbedingt ansprechen. Zu 90 % sagt deine Führungskraft, dass sie das nicht so gemeint hat oder eine Situation überhaupt nicht schlimm findet, über die du dir den Kopf zerbrochen hast. Und: Überleg dir genau, was du erreichen willst, und wie du dich nach dem Gespräch fühlen möchtest!

6.2 Gehaltsverhandlung: Wann, wie, was?

Insbesondere für eine Gehaltsanpassung ist deine Vorbereitung entscheidend. Einschlägige Karriereseiten geben teils abweichende Empfehlungen zum Thema Gehaltsverhandlung. Über einige Punkte herrscht aber weitestgehend Einigkeit. Diese sind im folgenden Abschnitt zusammengefasst und um meine persönlichen Erfahrungen ergänzt [1–3]:

Oftmals ist es sinnvoll, den Wunsch nach einer Anpassung an ein Feedbackgespräch zu koppeln, da dort ohnehin Leistungen und Erfolge diskutiert werden und eine Gehaltsanpassung gut begründet werden kann. Dies ist auch gleich der wichtigste Aspekt für eine erfolgreiche Verhandlung: Wenn du um mehr Geld bittest, solltest du fundierte Gründe vorlegen können. Bloß mit der Dauer der Betriebszugehörigkeit oder gestiegenen Kosten für deinen Lebensunterhalt zu argumentieren, wird nur in den seltensten Fällen funktionieren.

Der Grund dafür ist einfach: Was die Firma interessiert, sind vor allem Ergebnisse und der Mehrwert, den du lieferst. Beste Voraussetzungen für ein erfolgreiches Gehaltsgespräch schaffst du also, wenn du genau diese Punkte proaktiv in der Verhandlung ansprichst. Wenn nicht ohnehin schon im Rahmen der Vorbereitung für dein Feedbackgespräch geschehen, ist es wichtig, eine komplette Liste mit deinen konkreten Leistungen und Erfolgen zu erstellen (siehe Abschn. 6.1). Wichtig: Es zählen hier rein die Ergebnisse, nicht dein Einsatz. Es geht also vor allem darum, welchen Wert deine Arbeit für das Unternehmen hat.

Zusätzlich ist es für die Gehaltsverhandlung hilfreich, Informationen über deinen Marktwert und die generelle Vergütungsstruktur der Branche einzuholen. Hier bieten Onlineplattformen wie LinkedIn, Stepstone, Indeed etc. gute Anhaltspunkte.

Wichtig ist auch hier, die Gesamtperspektive im Blick zu haben:

- Wie sind die wirtschaftliche Situation und die Marktlage allgemein?
- Wie steht es um die finanzielle Situation der Firma?
- Wie waren deine Ergebnisse gegenüber den besprochenen Erwartungen?

Manche Firmen haben ohnehin feste Entgeltgruppen, die per Tarifvertrag geregelt sind und in deren Strukturen du dein Gehalt gar nicht oder nur minimal verhandeln kannst. Indem du dich über diese Fragen im Vorfeld informierst, kannst du dir eine gute Strategie für dein Gespräch zurechtlegen.

Eine weitere gute Gelegenheit, um nach einer Gehaltsanpassung zu fragen, ist es, wenn deine Aufgaben sich vergrößert haben, deine Verantwortung gestiegen ist oder du befördert wurdest. Vor allem in diesen Situationen ergibt sich eine Anpassung des Gehalts argumentativ logisch aus den neuen Aufgabenfeldern.

Wähle den Zeitpunkt für dieses Gespräch so, dass dein:e Chef:in genügend Zeit und auch Ruhe für das Thema hat. Sollte die Initiative für

6 Deine Weiterentwicklung: Von Feedbackgesprächen und ...

den Termin von dir ausgehen, macht es Sinn, schon im Vorfeld zu kommunizieren, dass du über dein Gehalt sprechen möchtest. So ist deine Führungskraft vorbereitet und ihr kommt in der Regel schneller zu einer Einigung.

Vor dem Treffen solltest du dir in Ruhe Gedanken darüber machen, mit welcher Gehaltssteigerung du zufrieden wärst. Sollte deine Führungskraft eine Erhöhung ablehnen, hilft es oft, zu hinterfragen, was sich ändern müsste, damit sie einer Gehaltsanpassung zustimmt.

Überlege dir auch vorab, welche Einwände kommen können und bereite dich vor (z. B. „Unserer Branche geht es gerade aber wirklich nicht gut" – hier könnte deine Antwort z. B. darauf Bezug nehmen, wie deine Leistungen zum Unternehmenserfolg beigetragen haben).

Bleibe souverän und lass dich nicht einschüchtern. Atme durch oder trinke einen Schluck, um gegebenenfalls Zeit zu gewinnen und dir neue Argumente zurechtzulegen.

Zur groben Orientierung liefert Abb. 6.1 auf Basis einer Analyse der Karriereplattform Indeed eine Übersicht der wichtigsten Ausgangssituationen für Gehaltsverhandlungen [4]:

Neben einer reinen Erhöhung deines Gehalts gibt es, wie in Abschn. 3.9 beschrieben, noch viele weitere Möglichkeiten der Entlohnung, die manchmal sogar für beide Seiten attraktiver sind. Diese Optionen kannst du entweder direkt zu Beginn der Verhandlung ansprechen oder später als Alternative oder Ergänzung zur gewünschten

Situation	Gehaltssteigerung
Keine signifikante Veränderung deines Jobs in den letzten 12-24 Monaten	3 - 7 %
Du hast einen neuen Job mit mehr Verantwortung:	~ 10 %
Du wurdest befördert - je nach Sprung	10 - 15 %

Abb. 6.1 Mögliche Gehaltssteigerungen. (Eigene Darstellung)

Erhöhung vorbringen. Sei verhandlungsbereit und biete Alternativen wie Erfolgsprämien oder andere Zusatzleistungen an, wenn ihr euch über das Gehalt nicht einig werdet. Manchmal ist es auch möglich, eine zusätzliche Einmalzahlung zu erhalten, wenn die Erhöhung nur gering ausfällt, oder die Erhöhung rückwirkend zu bekommen (z. B. wenn du bereits vor vier Monaten eine neue Position mit mehr Verantwortung übernommen hast). Alternativ könntest du deine Stunden bei gleichbleibendem Gehalt reduzieren.

Im Gespräch selbst ist es wichtig, dass du positiv, sachlich und selbstbewusst, aber nicht überheblich argumentierst. Stelle immer den Benefit des Unternehmens in den Fokus. Wenn möglich, schaffe Win-Win-Situationen, baue Brücken und finde Kompromisse.

> **Diese Argumente solltest du vermeiden**
> 1. **Persönliche Bedürfnisse:** Deine persönlichen finanziellen Bedürfnisse oder private Geldnöte sollten in Gehaltsverhandlungen nie als Argument genannt werden.
> 2. **Firmeninterne Vergleiche:** Vermeide Vergleiche mit Kolleg:innen oder deren Gehältern – es geht um dich, um deine Erfolge und dein Verhandlungsgeschick.
> 3. **Lange Betriebszugehörigkeit:** Die reine Dauer der Betriebszugehörigkeit ist kein starkes Argument. Fokussiere dich stattdessen auf deine Leistungen und Fortschritte.
> 4. **Drohungen oder Druck:** Über eine mögliche Kündigung solltest du nur sprechen, wenn wirklich ein konkretes Angebot vorliegt, das du auch wirklich annehmen würdest. Das Risiko, das Vertrauen zu verletzen und später nicht mehr gut miteinander arbeiten zu können, ist sonst zu groß!
> 5. **Arbeitsaufwand:** Wesentlich wichtiger als die Dauer, die du für die Erledigung einer Aufgabe benötigst, ist der Mehrwert, den deine Arbeit für das Unternehmen schafft.

Ihr seid euch einige? Super! Wie es jetzt weitergeht, ist von Firma zu Firma unterschiedlich. Am besten fragst du einfach nach, wie die nächsten Schritte sind. Meist wird deine Führungskraft die verhandelten Konditionen an die Personalabteilung übergeben. Du erhältst dann auch ein schriftliches Dokument über dein neues Gehalt. In jedem Fall ist es sinnvoll, die wichtigen Eckpunkte im Nachgang kurz in einer Mail zusammenzufassen. Bedanke dich darin für das konstruktive Gespräch und das wertvolle Feedback und auch dafür, dass deine Leistung gesehen wird. Notiere auch konkret die angesprochenen Punkte deiner Weiterentwicklung. Fasse die besprochene Gehaltsanpassung zusammen (inkl. Datum, ab wann diese gelten soll, etc.). Am Ende ist es schön, noch einmal kurz zu betonen, dass du dich auf die weitere Zusammenarbeit oder ein anstehendes Projekt oder Ähnliches freust.

Was tun, wenn nichts passiert?
Es kann sein, dass trotz der besprochenen Anpassung dein Gehalt bei der nächsten Abrechnung unverändert überwiesen wird. In diesem Fall hilft nur: Ansprechen! Warte nicht zu lange, sondern sprich das Thema z. B. im nächsten regulären Meeting mit deiner Führungskraft an. Gehe davon aus, dass es ein Versehen ist, und vermeide einen vorwurfsvollen Ton. Es sollte aber klar sein, dass du das Thema nicht aussitzen wirst.

Extratipp
Wer leistet, kann auch fordern. Das ist bei der Arbeit genauso wie in jedem anderen Lebensbereich. Du kannst dir dieses Verhältnis vorstellen wie ein Bankkonto: Um etwas von einem Konto abheben zu können, muss man vorher etwas einzahlen. Je mehr du eingezahlt hast, desto größer ist der verfügbare Rahmen. Andersherum funktioniert das Modell nur in Ausnahmefällen. Natürlich stärkt der demografische Wandel die Verhandlungsposition der Generation Z. Doch für langfristige Wertschätzung, Vertrauen und Respekt ist es notwendig, zu zeigen, dass du bereit bist, einen Beitrag zu leisten. Zudem ist eine gute Leistung die stärkste Grundlage für erfolgreiche Verhandlungen. Egal, ob es um eine Gehaltserhöhung, eine Beförderung oder andere Themen geht: Wer seine Fähigkeiten und seinen Mehrwert für das Unternehmen unter Beweis stellt, hat eine bessere Position, um zu fordern (und zu bekommen), was er oder sie anstrebt. Außerdem stärkt Erfolg das Selbstbewusstsein. Wer sich seiner guten Leistung bewusst ist, kann selbstbewusster auftreten und Forderungen klar und überzeugend vertreten.

6.3 Wann und wie weiterbilden?

Ich werde regelmäßig nach dem Grund dafür gefragt, warum ich seit Jahren fast durchgehend neben der Arbeit studiere und Ausbildungen mache. Der Hauptantrieb hierfür liegt in meinem starken Interesse an unterschiedlichsten Themen und meiner Abneigung gegen Stillstand. Ich bin ein sehr großer Fan von lebenslangem Lernen. Die Anforderungen unserer Zeit entwickeln sich rasant, ebenso wie Technologien, Kundenbedürfnisse etc., und unsere Arbeitswelt befindet sich in einem teilweise radikalen Wandel. Insbesondere die Digitalisierung und die künstliche Intelligenz, aber auch kulturelle Entwicklungen und der Generationenwechsel stellen Unternehmen wie auch Arbeitnehmer:innen vor erhebliche Herausforderungen.

Daher hier meine Argumente für ständige Weiterbildung:

- **Freude:** Laut einer Studie der Bertelsmann Stiftung macht lebenslanges Lernen zufrieden und glücklich [5].
- **Marktwert:** Die aktuelle Einsteiger-Generation ist in der Regel top ausgebildet. Allerdings sind Studienfächer oft sehr eng auf ein bestimmtes Thema ausgerichtet und das Wissen von vor einigen Jahren kann heute bereits veraltet sein. Seminare und Kurse sind also ein Investment in deine eigenen Skills und damit in dich selbst.
- **Autonomie:** Persönliche Vorlieben ändern sich im Laufe der Zeit. Nur weil du dich mit 18 für ein BWL-Studium entschieden hast, heißt es nicht, dass du dich dein Leben lang mit Betriebswirtschaft beschäftigen möchtest. Weiterbildungen ermöglichen dir neue Spezialisierungen in Richtung Herzensthema oder in ganz neue Bereiche.
- **Neue Perspektiven:** Neuer Input, neue Ideen, ein inspirierendes Umfeld im Seminar, tolle Begegnungen, Netzwerkaufbau, Synergieeffekte und so viel mehr kann eine (gute) Weiterbildung bieten.
- **Aufstiegschancen:** Eine Umfrage der DIHK zeigt, dass 58 % aller Weiterbildungs-Teilnehmer:innen nach Abschluss ihrer Qualifikation ein höheres Gehalt bekommen und 57 % eine höhere Position oder einen vergrößerten Verantwortungsbereich [6].

6 Deine Weiterentwicklung: Von Feedbackgesprächen und …

Weiterbildung ist eine Win-Win-Situation, da sowohl Mitarbeitende als auch Firmen davon profitieren:

1. Zum einen erhöhen Weiterbildungen das Know-how im Unternehmen, da neues Wissen und neue Impulse zu Optimierungen und neuen Ideen führen – was auch die Wettbewerbsfähigkeit erhöht.
2. Zum anderen muss Wissen nicht teuer eingekauft werden, wenn es im Unternehmen selbst vorhanden ist.

Diese Argumente können dir helfen, deinen Arbeitgeber davon überzeugen, die Kosten der Weiterbildung zu tragen oder dich zumindest zu unterstützen. Neben der Kostenübernahme gibt es auch andere Formen der Unterstützung durch den Arbeitgeber, die du als Alternative anbringen kannst:

- Freistellung: Weiterbildung während der bezahlten Arbeitszeit
- Reduktion der Arbeitsmenge
- Übernahme von Fahrt- und Reisekosten

Berufliche Weiterbildung kannst du übrigens auch in der Steuererklärung als Werbekosten geltend machen und dir so einen Teil zurückerstatten lassen.

Die Entscheidung, in welchem Bereich du dich weiterbilden möchtest, hängt von verschiedenen Faktoren ab. Oft entstehen eine Idee oder ein Bedarf aus dem Feedbackgespräch mit deiner Führungskraft. Gerade wenn es um die Planung deiner beruflichen Zukunft geht, werdet ihr darüber sprechen, welche Skills eventuell noch fehlen, um den nächsten beruflichen Schritt zu gehen. Daneben kann es natürlich auch sein, dass du dich aus eigenem Interesse in eine bestimmte Richtung weiterbilden möchtest. Oftmals ist es auch eine Kombination aus Beidem.

Die richtige Weiterbildung zu finden, erfordert etwas Zeit und sorgfältige Überlegung. Es gibt zahlreiche verschiedene Faktoren, die dabei eine Rolle spielen. Beachte, dass es in manchen Firmen Vorgaben gibt, was den Anbieter von Weiterbildungen betrifft. Oft lässt sich diese Information einfach über das Intranet herausfinden. Alternativ sind die Personalabteilung, Vorgesetze oder Kolleg:innen eine gute Quelle für Informationen.

Daneben gibt es eine Vielzahl an weiteren Angeboten. Welches für dich das Passendste ist, hängt von verschiedenen Faktoren ab wie Dauer, Tiefe, Praxisbezug, Zertifizierung, Kosten, Qualifikation der Dozent:innen, aber auch zum Beispiel davon, was für ein Lerntyp du bist.

Im Folgenden findest du eine Übersicht der gängigsten Formen an Weiterbildungsmöglichkeiten:

1. **Online-Kurse und Webinare:** Diese bieten Flexibilität und ermöglichen es, in deinem eigenen Tempo zu lernen. Plattformen wie Coursera, Udemy und LinkedIn Learning bieten eine immense Auswahl unterschiedlichster Themen. Dabei sind sie äußerst kostengünstig und oft sehr praxisnah. Nachteil: Sie haben nur eine geringe Anerkennung. Für den Lebenslauf sind solche Angebote in der Regel nicht geeignet.
2. **Workshops und Seminare:** Sie bieten praktische Erfahrungen und ermöglichen den direkten Austausch mit Expert:innen und anderen Teilnehmenden. Seit Corona gibt es diese Angebote fast immer auch als Online-Variante. Achte darauf, dass es nicht nur um die Vermittlung von Theorie geht, sondern die Inhalte einen klaren Praxisbezug haben.
3. **Konferenzen und Networking-Events:** Hier hast du neben der inhaltlichen Weiterbildung die Chance, von Branchenexpert:innen zu lernen und wertvolle Kontakte zu knüpfen.
4. **Zertifikatsprogramme:** Diese bieten eine umfassende Ausbildung in einem bestimmten Bereich und können deine Fachkenntnisse intensiv erweitern. Achte auf die Seriosität (und gegebenenfalls eine staatliche Anerkennung) des Anbieters. Oft kannst du wählen zwischen einem Online- und einem Offline-Angebot.
5. **Coaching und Mentoring:** Persönliche Unterstützung von erfahrenen Fachleuten kann deinen beruflichen Fortschritt immens beschleunigen. One-to-one-Coaching ist sicher die intensivste Form des Lernens, wird aber wegen der Kosten oft erst in höheren Karrierestufen vom Arbeitgeber übernommen.
6. **Berufsbegleitendes Studium:** Wenn du tiefgehendes Fachwissen erwerben möchtest, kann ein Teilzeitstudium (als Fernstudium oder vor Ort) eine gute Option sein.

Natürlich gibt es einige Punkte, die vor der Buchung eines umfangreichen Trainings zu beachten sind. Der ideale Zeitpunkt ist dabei eine sehr individuelle Entscheidung, die von deiner aktuellen beruflichen Situation, deinen persönlichen Zielen und den Anforderungen deines Lebens abhängt.

Überlege dir, ob du beispielsweise beruflich gerade in einer Situation bist, die dir genügend Flexibilität für eine Weiterbildung bietet. Wenn du aktuell viel Stress hast oder in einem entscheidenden Projekt steckst, kann es sinnvoll sein, die Weiterbildung auf einen späteren Zeitpunkt zu verschieben. Berücksichtige auch deine persönlichen Lebensumstände, wie zum Beispiel familiäre Verpflichtungen und private Interessen. Auch deine finanzielle Situation solltest du beachten, sofern du die Kosten ganz oder teilweise selbst tragen musst. Und bedenke auch deine persönliche Belastbarkeit. Wenn du in der Vergangenheit Schwierigkeiten hattest, Arbeit und Weiterbildung unter einen Hut zu bekommen, plane realistisch, sorge für eine gute Balance und wähle einen Zeitpunkt, zu dem du motiviert und bereit bist, dich intensiv mit den Lerninhalten auseinanderzusetzen. Deine Einstellung zur Weiterbildung spielt eine wichtige Rolle für deren Erfolg.

„Anders als früher wird es völlig normal werden, später als Allrounder aus dem Berufsleben auszuscheiden. Es ist heute zum Glück möglich, vom Marketing-Manager zum Hundetrainer, zum Sales-Experten etc. zu wechseln. Ich finde das wahnsinnig gut, denn im Optimalfall führt das dazu, dass Menschen ihren aktuellen Job sehr gerne machen und ihre volle Energie dem Thema widmen. Ich empfehle, jeden Tag etwas Neues dazuzulernen. Dieses Kribbeln beim Verlassen der Komfortzone, die leichte Panik, bevor man zum ersten Mal ein großes Konzept oder Budget freigibt, das erste Team führt etc. – das sind die Augenblicke, die einen für immer prägen."
Maxie Renner, Expertin People and Culture

6.4 Bist du auf dem richtigen Kurs? Ziele überprüfen und anpassen

Nachdem du in Kapitel zwei deine Karriereziele definiert hast, ist es nun an der Zeit zu überprüfen, ob du auf dem richtigen Weg bist. Eine Zielüberprüfung solltest du mindestens einmal im Jahr durchführen. Vom

Zeitpunkt her macht dies VOR deinem Jahresgespräch am meisten Sinn, weil du dann die Möglichkeit hast, im Gespräch deine Ziele zu kommunizieren und deinen Entwicklungsplan gegebenenfalls gemeinsam mit deiner Führungskraft entsprechend anzupassen.

Schau dir dafür deine Ziele genau an und prüfe, ob deine Entwicklung auf dem richtigen Kurs ist. Das Tempo ist dafür gar nicht das wichtigste Kriterium. Bedeutender ist, dass du dich in die richtige Richtung bewegst.

Natürlich können sich deine Ziele im Laufe der Zeit verändern – beispielsweise durch geänderte Lebensumstände oder verschobene Prioritäten. Das ist ein normaler und ein wichtiger Teil des Prozesses. Auf dem Weg flexibel und offen zu sein, heißt nicht, dein Ziel zu verraten, sondern den Weg zu deinem persönlichen Glück an deine aktuelle Lebenssituation anzupassen.

Anpassungsfähigkeit ist also eine Stärke, die sicherstellt, dass du trotz unvorhergesehener Hindernisse und Änderungen auf Kurs bleibst.

Solltest du unterwegs die Motivation für deine Ziele verlieren, lohnt es sich, zu überprüfen, ob es an der Zeit ist, diese zu überdenken. Klug gewählte Ziele basieren auf deinen Werten und deiner Lebensvision – daher sollte es dir eigentlich Freude bereiten, diese zu verfolgen.

Wenn du merkst, dass die Motivation nachlässt, kann es dir helfen, zurück zu deiner Vision und deinen Zielen zu gehen und diese auf den Prüfstand zu stellen. Visions- und Zielanpassung ist also ein kontinuierlicher Zyklus, der es dir ermöglicht, dich immer wieder neu auszurichten, denn Veränderung ist nicht das Ende, sondern der Anfang von etwas Neuem.

> **Übung: Visions-Check-In**
>
> Gehe zurück zu deiner Vision und überprüfe sie für dich:
>
> - Wie fühlt sie sich an?
> - Freust du dich, wenn du daran denkst, sie zu erreichen?
> - Spürst du ein leichtes Kribbeln? Freude? Motivation?
>
> Wenn nein – was müsste sich an deiner Vision ändern, damit du richtig Lust darauf bekommst, sie umzusetzen?

6.5 Interview mit Petra Neftel, CEO we are sparks* und KraftRaum GmbH

Petra Neftel ist CEO von we are sparks* und Gründerin sowie CEO KraftRaum GmbH (www.we-are-sparks.com)

> Liebe Petra, heute bist Du Unternehmerin, Coach, Autorin und Moderatorin. Als Expertin für Wirkung und Präsenz hast du mit Firmen wie Google, Microsoft, Henkel und vielen mehr zusammengearbeitet. Wie war dein eigener Berufsweg? Was hast du ursprünglich studiert und warum?

Ich hatte mich ursprünglich entschieden Rechtsanwältin zu werden (wegen der gut aussehenden Anwältinnen der 90er Serie „L.A. Law" und meines krass ausgebildeten Gerechtigkeitssinns) und mich daher für Jura in Hamburg eingeschrieben.

Dann habe ich kurz vor dem Abi mit meinem Deutsch-Leistungskurs den SPIEGEL und SPIEGEL TV besucht und hatte sofort das Gefühl: Hier will ich sein, ich muss Journalistin werden. Daraus entstand ein Praktikum direkt nach dem Abitur; Jura habe ich tatsächlich nur die ersten drei Tage der Einführungswoche studiert. Aus dem Praktikum wurde ein Volontariat mit Schwerpunkt TV, danach eine Festanstellung als Redakteurin und Reporterin, und dann wurde ich auch schon von RTL abgeworben. Zunächst war ich für das RTL Nachtjournal als Reporterin hinter der Kamera und wurde dann, wie jede blonde Frau in den 90ern, flott gecastet und Fernsehmoderatorin.

Das habe ich in vielen Formaten viele Jahre gemacht, bis irgendwann ein verzweifelter Unternehmenskommunikationschef fragte, ob ich seinem Vorstand das Sprechen beibringen könnte. Das war der Startschuss meiner beiden heutigen Unternehmen: *we are sparks* Die Präsenzschmiede*. Hier treten wir für Sichtbarkeit, Präsenz und Content für unsere Klient:innen an – und *KraftRaum GmbH – ein Mental Health Start-up*.

> Wann und wie hast du gemerkt, dass du eigentlich etwas Anderes machen möchtest?

Ich hatte mein erstes großes „Workquake", als ich bei RTL die Sendung Explosiv gemeinsam mit Markus Lanz übernahm. Ich habe mich mit den Inhalten wahnsinnig unwohl gefühlt und musste trotzdem jeden Abend wieder so tun, als wäre ich zutiefst interessiert – das war weder gesund noch authentisch. Als dann die Coaching-Klient:innen zunahmen, habe ich recht früh gemerkt, wie sehr mir die tiefere inhaltliche Auseinandersetzung fehlte, die ich beim SPIEGEL mit Themen gelernt hatte. Ich habe also nach und nach versucht, mehr Inhalt in mein Tun zu kriegen.

Gab es einen entscheidenden Moment oder eine bestimmte Erfahrung, die dich dazu inspiriert hat, in deinem jetzigen Beruf tätig zu werden?

Ich habe schnell in meinen ersten Coachings und Begleitungen gemerkt, dass ich bei Menschen etwas auslösen und bewirken kann. Und zwar zum Besseren. Ich dachte: Es geht ja „nur" um Präsenz und Auftreten und Sichtbarkeit – aber das ist irre tiefgreifend und verändernd, wenn es gut gemeint und gedacht ist. Das hat mich von Anfang an sehr berührt und so ist es bis heute.

Wie hast du herausgefunden, dass dein derzeitiger Job der Richtige für dich ist?

Along the way. Ich habe nach und nach meinen Weg erschlossen, habe irgendwann gemerkt, wie gut es mir tut, meine eigene Chefin zu sein, Unternehmen zu gründen und selbst zu gestalten. Ich glaube, ich wollte so ein Explosiv-Gefühl einfach nie wieder haben.

Welche Rolle haben persönliche Interessen, Werte und Leidenschaften bei der Wahl deines aktuellen Berufs gespielt?

6 Deine Weiterentwicklung: Von Feedbackgesprächen und ...

Eine gigantische Rolle. Ich bin genau das, was ich heute mache. Ich verstelle mich nicht mehr, ich sage und tue und kreiere genau das, was aus mir herauswill. Ich glaube, ich war nie echter und nie mehr bei mir als gerade jetzt. Und das wird mir oft auch sehr positiv zurückgespielt. Ich glaube, Menschen folgen Menschen, die mit geradem Rücken und offenem Visier unterwegs sind. Das spürt man bei mir.

Gab es besondere Ratschläge oder Strategien, die dir geholfen haben, den idealen Job zu finden?

Nein, ich glaube, der beste Ratschlag ist, tatsächlich auf Störgefühle (wie bei mir bei RTL) zu hören und dann zu justieren. Für die Gen Z wird es völlig normal werden, mehrere Karrieren zu haben – mir hat der Wandel (und die gleichzeitige Mitnahme meiner Kernkompetenzen) sehr gutgetan.

Welche Herausforderungen hast du auf deinem Weg zur aktuellen Position gemeistert und wie haben sie dich geprägt?

Es ist eine irre Herausforderung, zu gründen und sich selbstständig zu machen. In meinem Fall besonders, weil ich alleinerziehend bin und dadurch in multipler Hinsicht wenig Netz und doppelten Boden hatte. Ich habe diese Herausforderung immer wieder mal mehr und mal weniger gespürt und nach und nach ein immer größeres Vertrauen in mich, meinen Kopf und mein Tun entwickelt.

Welchen Rat würdest du jungen Menschen geben, die auf der Suche nach ihrem Traumberuf sind und sich unsicher über ihre berufliche Zukunft fühlen?

> Ich wünsche jungen Menschen, dass sie den Mut haben, sich auszuleben. Ich denke, sie sollten frühzeitig daran arbeiten, diesen Mut in sich zu finden und groß werden zu lassen. Nur dadurch geht selbstbestimmtes Arbeiten und ich glaube, nur so geht auch nachhaltiger Erfolg.

Fazit für die Praxis

- Deine persönliche Weiterentwicklung ist ein wichtiger Punkt für dein Wachstum – und damit verbunden mit einem glücklichen und erfolgreichen Arbeitsleben.
- Feedbackgespräche sind ein wertvolles Instrument, um kontinuierlich an deiner persönlichen und beruflichen Weiterentwicklung zu arbeiten. Sie bieten dir die Möglichkeit, eine ehrliche und konstruktive Rückmeldung zu erhalten, und helfen dir zu verstehen, wo du stehst und was eventuell noch fehlt für einen nächsten Schritt.
- Vor einem Feedbackgespräch ist es sinnvoll, deine eigenen Ziele zu reflektieren. Außerdem solltest du dir Gedanken über deine Stärken, Schwächen und Erfolge machen. Notiere deine Überlegungen und ergänze jeweils zwei bis drei Beispiele.
- Auch für eine Gehaltserhöhung ist deine Vorbereitung entscheidend. Wenn du nach einer Gehaltsanpassung fragst, solltest du dies gut begründen können. Was die Firma interessiert, sind vor allem Ergebnisse und der Mehrwert, den du lieferst. Von daher machst du dir dein Leben leichter, wenn du genau diese Punkte proaktiv berücksichtigst. Bleibe souverän, lass dich nicht einschüchtern und sprich vor allem selbstbewusst über deine Erfolge und deinen Mehrwert für das Unternehmen – die du mit Zahlen und Beispielen belegst.
- Um auf die rasanten Entwicklungen unserer Zeit zu reagieren, ist kontinuierliche Weiterbildung entscheidend für beruflichen Erfolg. Suche dir regelmäßig Weiterbildungen aus, die dir helfen, noch mehr von dem zu tun, was dir beruflich Freude bereitet.

- Ein mindestens jährliches Überprüfen deiner Ziele hilft dir, zu erkennen, ob du noch auf Kurs bist. Wenn du unterwegs die Motivation für deine Ziele verlierst, solltest du überprüfen, ob es an der Zeit ist, diese zu überdenken. Klug gewählte Ziele basieren auf deinen Werten und deiner Lebensvision – daher sollte es dir Freude bereiten, diese zu verfolgen.

Literatur

1. Richter C (2022) Tipps für die Gehaltsverhandlung. https://news.kununu.com/tipps-fuer-die-gehaltsverhandlung/. Zugegriffen am 08.10.2023
2. Röll I (2023) Tipps für die Gehaltsverhandlung: So springt mehr Geld für Sie heraus. https://focusbusiness.de/magazin/tipps-fuer-die-gehaltsverhandlung-so-springt-mehr-geld-fuer-sie-heraus. Zugegriffen am 08.10.2023
3. Mai J (2023) Gehaltsverhandlung Tipps: Clevere Argumente + Tricks. https://karrierebibel.de/gehaltsverhandlung/. Zugegriffen am 08.10.2023
4. Indeed (2023) Wie viel Prozent Gehaltserhöhung pro Jahr kann ich erwarten? https://de.indeed.com/karriere-guide/neu-im-job/wie-viel-prozent-gehaltserhoehung-pro-jahr. Zugegriffen am 22.06.2024
5. Bertelsmann Stiftung (2008) Glück, Freude, Wohlbefinden – welche Rolle spielt das Lernen? https://www.bertelsmann-stiftung.de/fileadmin/files/BSt/Presse/imported/downloads/xcms_bst_dms_23599_23600_2.pdf. Zugegriffen am 09.06.2024
6. Deutsche Industrie- und Handelskammer (2023) IHK-geprüfter Abschluss: Höhere Berufsbildung zahlt sich aus https://www.dihk.de/de/themen-und-positionen/fachkraefte/berufliche-weiterbildung-zahlt-sich-aus/ihk-gepruefter-abschluss-hoehere-berufsbildung-zahlt-sich-aus-96244. Zugegriffen am 08.10.2023

7

Wann und wie einen Job verlassen?

Die Entscheidung, einen Job zu verlassen, ist eine bedeutende und oft herausfordernde Phase im Berufsleben. Es gibt viele verschiedene Auslöser, die dazu führen können, sich nach einer anderen Arbeit umzusehen. Laut zwei Forsa-Studien, die im Auftrag des Job-Netzwerks XING und der Recruitingplattform onlyfy durchgeführt wurden, befinden sich derzeit 14 % der 18 bis 29-jährigen aktiv auf Jobsuche. Das sind doppelt so viele wie der Durchschnitt aller anderen Generationen [1]. Als Gründe für den geplanten Wechsel werden laut den Studien der Wunsch nach mehr Gehalt (49 %), zu viel Stress im aktuellen Job (42 %) und die Unzufriedenheit mit der aktuellen Führungskraft (27 %) angegeben.

Bevor du wirklich ernsthaft ans Kündigen denkst, ist meine Empfehlung, immer erst zu prüfen, welche Möglichkeiten du hast, deine aktuelle Situation im jetzigen Job zu verbessern. Frage dich auch, ob Themen, die dich stören, dir im nächsten Job wieder begegnen können. Solange du an deiner eigenen Einstellung zu den Themen, die dich nerven, nichts änderst, werden sie dich im neuen Job relativ sicher wieder einholen und dich gleichermaßen stören wie bei deiner aktuellen Arbeit.

Ganz oft muss man sich auch einfach nur trauen, die eigenen Wünsche und Bedürfnisse einmal anzusprechen. Die Möglichkeiten zur Einflussnahme sind wirklich sehr oft viel größer, als du dir vorstellen kannst.

Wenn du jetzt denkst: „Es ändert sich doch eh nichts" – oder: „Meine Führungskraft erlaubt das nie" – mach dir bewusst, dass das Annahmen sind und keine Tatsachen. Wissen wirst du es nur, wenn du es probierst. Und die Frage ist ja: Wenn du ohnehin schon über einen Wechsel nachdenkst, was hast du zu verlieren? Kündigen kannst du im Zweifel immer noch.

Oft hilft es auch, dir zu überlegen, was das Gute an der Situation ist. Sprich: Was kannst du daraus lernen? Wie bringt es dich weiter? Wie kannst du daran wachsen?

Wenn du bei deiner Analyse jedoch einen (oder mehrere) der folgenden Punkte bemerkst, kann es wirklich Sinn machen, einen Wechsel in Betracht zu ziehen!

- Faktisch unterbezahlt (nach dem Versuch zu verhandeln)
- Keinerlei Aufstiegschancen
- Grundsätzlich unterfordert oder dauerhaft überfordert (nachdem das Thema angesprochen wurde)
- Ein Betriebsklima, das dich krank macht
- Wenn du merkst, dass du definitiv und unveränderbar im falschen Job bist (bspw. Ein Tierarzt, der allergisch gegen Tierhaare wird, oder ein Bäcker, der eine Gluten-Unverträglichkeit entwickelt)
- Persönlichkeiten, die absolut nicht zusammenpassen (nach dem Versuch, die Abteilung zu wechseln)
- Psychisch belastende Situationen, die sich nicht ändern lassen (nachdem das Thema mit Führungskraft, Betriebsrat o. ä. versucht wurde zu klären)

Es ist wichtig zu erkennen, wann der Preis, den du bezahlst, wenn du in deinem aktuellen Job bleibst, zu hoch ist. Auch wenn das bedeutet, dass deine Karriere einen vermeintlichen „Knick" durch einen Wechsel bekommen wird, die neue Position im CV eigentlich etwas zu früh auftaucht oder andere Menschen irritiert reagieren. Das Wichtigste ist deine mentale Gesundheit. Ist diese gefährdet, kannst du auch nicht deine volle

Leistung abrufen und im schlimmsten Fall wird dies zusätzlich zu deiner persönlichen Situation zu Unzufriedenheit auf Seiten deiner Führungskraft führen. Die Wahl des richtigen Zeitpunkts für einen Jobwechsel ist daher entscheidend.

Denke außerdem darüber nach, was dir an deiner aktuellen Position gefällt und was du gerne in deinem zukünftigen Job beibehalten möchtest. Überlege auch, welche zusätzlichen Faktoren eine neue berufliche Tätigkeit beinhalten sollte, um ein höheres Maß an Zufriedenheit zu erreichen als in deiner aktuellen Position. Laufe also nicht nur vor der aktuellen Situation bei deiner Arbeit davon, sondern überlege dir gut, wie eine Arbeit sein sollte, damit sie dich glücklich macht. Hilfreich für diese Überlegung sind die Übungen in Abschn. 2.4, 2.5 und 2.6.

Du hast dich definitiv entschieden, zu gehen? Der Prozess des Verlassens deines Jobs erfordert Fingerspitzengefühl und Professionalität. Auch, wenn es Dinge gibt, die dir wirklich nicht gefallen haben, empfehle ich dir, keine verbrannte Erde zu hinterlassen. Man sieht sich immer zweimal im Leben. Du hast in der Regel viele Monate oder Jahre eine tolle Arbeit im aktuellen Job geleistet und viel Zeit und Energie in deine Karriere gesteckt. Halte dieses positive Bild von dir auch über die Kündigung hinaus aufrecht. Es wäre eine verschenkte Chance, jetzt Brücken einzureißen – sei es für Referenzen, zum Networking, für den Fall, dass man sich in einem anderen Job einmal wiedersieht oder einfach nur für deinen persönlichen Seelenfrieden.

Dies sind die Schritte, die es für einen professionellen Kündigungsprozess zu beachten gilt:

1. **Kündigungsfrist:** Als erstes checke deine Kündigungsfrist. Diese findest du in deinem Arbeitsvertrag. Sie kann sehr unterschiedlich ausfallen und richtet sich nach der Branche, der Betriebszugehörigkeit und den individuellen Regelungen deiner Firma.
2. **Persönliches Gespräch:** Vereinbare einen persönlichen Termin mit deiner Führungskraft. Trefft euch dafür an einem Ort, wo ihr ungestört sprechen könnt, und plane ausreichend Zeit ein. Bereite dich auf das Gespräch vor. Kläre deine Gründe für die Kündigung und denke über mögliche Fragen nach, die gestellt werden könnten.

3. **Wertschätzende Kommunikation:** Hinterlasse keine verbrannte Erde! Sprich wertschätzend und respektvoll über deine Erfahrungen im Unternehmen. Wenn ihr wirklich nicht im Guten auseinandergeht, musst du hier natürlich nichts erfinden oder lügen. Aber tritt zumindest nicht nach. Fokussiere dich dann im Gespräch auf deine eigenen Ziele und Pläne und biete Hilfe für einen reibungslosen Übergang an.
4. **Formelles Kündigungsschreiben:** Eine Kündigung muss immer in schriftlicher Form erfolgen. Entweder du bringst das Schreiben mit zum Gespräch, oder du reichst es nach. Die zweite Variante gibt dir die Möglichkeit, eventuell besprochene Themen wie den letzten Arbeitstag noch anzupassen.
5. **Zeugnis und Referenzschreiben anfragen:** Dein Zeugnis solltest du so früh wie möglich anfragen. Zum einen kann es für den Bewerbungsprozess wichtig sein (sofern du noch keine neue Stelle hast). Zum anderen ist es wesentlich leichter, nachzufassen und auch Einfluss auf den Inhalt zu nehmen, solange du noch vor Ort bist. Es kann sein, dass dir angeboten wird, dein Zeugnis selbst zu formulieren. Das ist eine große Chance, die solltest du auf jeden Fall nutzen. Hole dir hierfür auf jeden Fall Hilfe – denn Zeugnisse haben ihre ganz eigenen Codes und Formulierungen (siehe Abschn. 3.4).

    Neben dem formellen Zeugnis werden mittlerweile auch im deutschsprachigen Raum Referenzschreiben immer üblicher und ich empfehle dir, eine oder zwei Personen, mit denen du enger zusammengearbeitet hast, um ein Referenzschreiben zu bitten (siehe Abschn. 3.4).
6. **Persönliche Verabschiedung:** Informiere enge Kolleg:innen persönlich über deine Entscheidung und bedanke dich für die Zusammenarbeit. Verabschiede dich angemessen. Richte dich bei Art und Umfang danach, wie euer Verhältnis war und wie das Thema in eurer Firma normalerweise gehandhabt wird. Halte den Kontakt zu ehemaligen Kolleg:innen aufrecht, denn dein berufliches Netzwerk kann für deine weitere Karriere eine große Hilfe sein.
7. **Professionelle Haltung:** Verhalte dich während deiner Restzeit im Unternehmen weiterhin professionell und sprich nicht schlecht über das Unternehmen. Erledige alle Formalitäten, wie die Rückgabe von Laptop, Schlüsseln, Unterlagen, die Abwicklung deines Resturlaubs oder finanzielle Angelegenheiten.

Die Wahl, einen Job zu verlassen, ist ein wichtiger und sicher aufregender Schritt auf deiner beruflichen Reise. Vor allem, wenn du zum ersten Mal kündigst.

Indem du diesen Schritt umsichtig und analytisch gehst, dir überlegst, was dir in deiner neuen Position wirklich wichtig ist, und dir klare Ziele setzt, legst du den Grundstein für einen glücklichen und erfüllten nächsten Karriereschritt.

Fazit für die Praxis

- Die Entscheidung, einen Job zu verlassen, ist eine bedeutende und oft herausfordernde Phase im Berufsleben und sollte gut überlegt sein.
- Bevor du ernsthaft über eine Kündigung nachdenkst, solltest du zuerst prüfen, welche Möglichkeiten es gibt, die Situation im aktuellen Job zu verbessern.
- Der Prozess des Verlassens deiner aktuellen Firma erfordert Fingerspitzengefühl und Professionalität. Hinterlasse keine verbrannte Erde.
- Überlege dir intensiv, was dich stört und was dir in einer neuen Position wirklich wichtig ist. So schaffst du die Basis für einen glücklichen und erfüllten nächsten Karriereschritt.

Literatur

1. Xing (2023) „Die illoyalsten Jobber aller Zeiten": So tickt die Generation Z – und darauf müssen sich Unternehmen einstellen. https://www.xing.com/news/articles/die-illoyalsten-jobber-aller-zeiten-so-tickt-die-generation-z-und-darauf-mussen-sich-unternehmen-einstellen-5640665. Zugegriffen am 22.06.2024

GPSR Compliance

The European Union's (EU) General Product Safety Regulation (GPSR) is a set of rules that requires consumer products to be safe and our obligations to ensure this.

If you have any concerns about our products, you can contact us on

ProductSafety@springernature.com

In case Publisher is established outside the EU, the EU authorized representative is:

Springer Nature Customer Service Center GmbH
Europaplatz 3
69115 Heidelberg, Germany

www.ingramcontent.com/pod-product-compliance
Lightning Source LLC
LaVergne TN
LVHW020346260326
834688LV00045B/1563